UNIVERSELLE INTERNATIONALE DE 1900

CONGRÈS INTERNATIONAL
DES VOYAGEURS
& REPRÉSENTANTS de COMMERCE

TENU A PARIS DU 8 AU 11 JUILLET 1900

Sous la Présidence d'Honneur de

M. A. MILLERAND

MINISTRE DU COMMERCE, DE L'INDUSTRIE, DES POSTES ET DES TÉLÉGRAPHES

PARIS
SOCIÉTÉ NOUVELLE DE LIBRAIRIE ET D'ÉDITION
(Librairie Georges Bellais)
17, RUE CUJAS, Ve

1901

CONGRÈS INTERNATIONAL

DES VOYAGEURS

& REPRÉSENTANTS de COMMERCE

EXPOSITION UNIVERSELLE INTERNATIONALE DE 1900

CONGRÈS INTERNATIONAL
DES VOYAGEURS
& REPRÉSENTANTS de COMMERCE

TENU A PARIS DU 8 AU 11 JUILLET 1900

Sous la Présidence d'Honneur de

M. A. MILLERAND

MINISTRE DU COMMERCE, DE L'INDUSTRIE, DES POSTES ET DES TÉLÉGRAPHES

PARIS
SOCIÉTÉ NOUVELLE DE LIBRAIRIE ET D'ÉDITION
(Librairie Georges Bellais)
17, RUE CUJAS, Ve

1901

CONGRÈS INTERNATIONAL

DES

VOYAGEURS ET REPRÉSENTANTS DE COMMERCE

COMMISSION D'ORGANISATION

BUREAU

Président

M. VERVELLE (Émile), président du Syndicat des voyageurs et représentants de commerce, Bourse du Travail, à Paris, membre des Comités d'installation à l'Exposition de 1900.

Vice-Présidents

MM. BROCHART (Henri), vice-président de la Société de protection mutuelle des voyageurs de commerce, à Paris.

GUEY (A.), président de l'Union syndicale des employés-représentants de commerce parisiens.

ROCHE (Eugène), président de la Société de secours mutuels des voyageurs et employés de Lille et du département du Nord.

Secrétaire général

M. JAMET (Auguste), secrétaire général du Syndicat des voyageurs et représentants de commerce, Bourse du Travail, à Paris.

1.

Secrétaires adjoints

MM. Figeac (J.), administrateur de l'Association des voyageurs de commerce et de l'industrie, à Paris.

Roger, secrétaire général de l'Union syndicale des employés-représentants de commerce parisiens.

Trésorier

M. Fleig (Charles), vice-président de la Société de protection mutuelle des voyageurs de commerce, à Paris.

MEMBRES

MM. Arbeaumont, président de la Chambre syndicale des représentants de fabriques et de commerce de Paris.

Bagès, secrétaire général de la Société de protection mutuelle des voyageurs de commerce, à Paris.

Beau (Victor), rédacteur à l'*Agence Havas*.

Blum-Majeux (Fernand), ancien président du congrès des voyageurs et représentants de commerce en 1889.

Bonjean (Victor), président de la Société de protection mutuelle des voyageurs de commerce, à Paris.

Breissac (Félicien), vice-président de la Société de protection mutuelle des voyageurs de commerce, à Paris.

Buret (Romain), administrateur de l'Association des voyageurs de commerce et de l'industrie, à Paris.

Cillié, membre de l'Union syndicale des employés-représentants de commerce parisiens.

Couturier (Pétrus), secrétaire général de la Société de secours et de prévoyance mutuels des voyageurs, représentants et employés de commerce et de l'industrie du département de l'Ain, à Bourg.

MM. FRONTIGNY (Auguste), trésorier du Syndicat des voyageurs et représentants de commerce, Bourse du Travail, à Paris.

HUBERT, président de la Société philanthropique des voyageurs et représentants d'Indre-et-Loire, à Tours.

LEBOUC (A.), président de la Société philanthropique des voyageurs et représentants du département de la Sarthe, au Mans.

LENORMAND (Alfred), président de la Ligue syndicale des voyageurs en liquides de Rouen.

LICHTENBERGER (André), délégué permanent du Musée social, à Paris.

MAC-CARTHY, secrétaire général du Syndicat des intérêts industriels, à Nantes.

MALAGIÉ (Georges), vice-président de la Société de secours mutuels des voyageurs et employés de Lille et du département du Nord, à Lille.

MARNEFFE (Guillaume), président de la Société générale des voyageurs de commerce de Belgique, président du congrès international des voyageurs de commerce de Bruxelles, 1897.

MARTIN (Paul), vice-président de la Société de secours mutuels des voyageurs et employés de Lille et du département du Nord, à Lille.

MONTLAUR, membre du Syndicat commercial algérien (groupe des représentants et voyageurs de commerce).

RICHARD (Ernest), président de l'Association fraternelle des voyageurs et représentants de commerce de la région du Sud-Ouest, à Saintes.

MM. Rivet, président de l'Association amicale des voyageurs et représentants des Ardennes, à Charleville.

Salsac (Louis), vice-président du Syndicat des voyageurs et représentants de commerce, Bourse du Travail, à Paris.

Seilhac (Léon de), délégué permanent du Musée social, secrétaire du comité du groupe de l'Économie sociale à l'Exposition de 1900.

Vautherin (Étienne), vice président du Syndicat des voyageurs et représentants de commerce, Bourse du Travail, à Paris.

MEMBRES ADJOINTS

MM. Dupuy-Fromy, administrateur de l'Association des voyageurs, à Paris.

Jolivet (Léopold), administrateur de l'Association des voyageurs, à Paris.

Blot (Eugène), administrateur de l'Association des voyageurs, à Paris.

Noyau-Didier, administrateur de la Société philanthropique des voyageurs et représentants d'Indre-et-Loire, à Tours.

Lebebourg, administrateur de la Société philanthropique des voyageurs et représentants d'Indre-et-Loire, à Tours.

Hellion, président du Syndicat central des voyageurs, à Paris.

PRÉPARATION DU CONGRÈS

Le conseil du Syndicat des voyageurs et représentants de commerce, réuni au siège social, Bourse du Travail, le 29 janvier 1898, décida, sur la proposition de M. Vervelle, de prendre l'initiative d'organiser un congrès international des voyageurs et représentants de commerce à l'occasion de l'Exposition universelle de 1900.

Une commission, composée de MM. Vervelle, Salsac et Jamet, fut chargée de faire auprès des pouvoirs publics les démarches nécessaires pour obtenir, en même temps que l'autorisation, le concours officiel, indispensable à la réussite de l'œuvre.

Ces démarches furent couronnées de succès, grâce à l'appui bienveillant de M. Gariel, délégué principal aux congrès et à l'accueil chaleureux fait à la commission par M. Henry Boucher, ministre du commerce. Forte de ces encouragements, la commission adressa une circulaire à toutes les associations et groupes constitués, les invitant à désigner ceux de leurs membres qui pourraient faire partie de la commission d'organisation. Les réponses ainsi que les noms des délégués furent soumis à M. le ministre du commerce, qui, par un décret paru à l'Officiel, le 13 juin 1898, constitua définitivement cette commission.

PROCÈS-VERBAUX
DE LA COMMISSION D'ORGANISATION

PREMIÈRE RÉUNION DE LA COMMISSION

La commission d'organisation du congrès international des voyageurs et représentants de commerce s'est réunie le 17 juillet, à trois heures, au pavillon de la direction générale de l'exploitation, 2 bis, avenue Rapp, sur la convocation du délégué principal des congrès de 1900, M. Gariel.

Ordre du jour : 1° constitution du bureau, 2° organisation du congrès.

Etaient présents : MM. Vervelle, Bonjean, Breissac, Brochart, Cillié, Fleig, Frontigny, Guey, Jamet, Lenormand, E. Roche, Salsac, Vautherin.

Absents : MM. Raymond, Figeac, Buret, Mac-Carthy, J. Pinard, Rivet, F. Blum, de Seilhac, Richard.

Assistaient à la séance : MM. Chincholle, du *Figaro*, V. Beau, de l'Agence Havas, et R. Pierre, de la presse corporative.

M. Gariel donne quelques explications sur le congrès.

Il rappelle qu'en 1889 un congrès avait été tenté, mais trop tard pour qu'il fût possible de l'organiser.

Le gouvernement donne la salle, se charge de tous les envois de convocations, tant du comité d'organisation que du congrès lui-même. De plus le gouvernement imprime à ses frais un résumé succinct qu'il distribue gratuitement à tous les participants au congrès, lorsque ces participants ont payé une cotisation dont les fonds restent à la disposition du congrès lui-même. Cette cotisation n'a pour but que d'empêcher la trop grande masse, qui rend souvent difficiles les travaux d'une assemblée de ce genre.

M. Gariel agite ensuite la question du règlement et de la constitution du bureau.

On décide de nommer un président, trois vice-présidents qui représenteront les voyageurs de Paris, les sédentaires et représentants, et la province, un secrétaire général, deux secrétaires adjoints. Enfin on s'entend pour les derniers détails. Le congrès aura lieu au Trocadéro, les 11, 12 et 13 juillet 1900 pour les travaux. Une grande réunion plénière aura lieu le 15 juillet et clôturera le congrès.

M. Gariel fait quelques réserves, quant à l'adoption définitive du Trocadéro, quoiqu'il pense que la salle sera libre à ces dates.

La présidence d'honneur sera proposée ultérieurement.

On procède ensuite à l'élection du président.

Votants : 16. — Bulletins blancs : 2.

MM. Vervelle.................. 12 voix
Brochart .... 2 voix

M. Vervelle est élu. M. Gariel l'installe au fauteuil présidentiel et se retire après avoir été chaleureusement remercié par tous les membres présents.

Élection du bureau de la commission d'organisation.

Votants : 14.

MM. Brochart..	13 voix		MM. Cillié....	2 voix	
Guey... ..	11	»	Lenormand.	2	»
Roche.....	10	»	Bonjean....	1	»

Sont nommés : M. Brochart, pour les voyageurs de Paris ; M. Guey, pour les sédentaires et représentants : M. Roche, pour les sociétés de province.

M. Jamet, un des organisateurs du congrès, est élu à l'unanimité secrétaire général. M. R. Pierre, de la presse corporative, est élu secrétaire adjoint.

La commission entre alors en séance.

Proposé par M. Cillié : qu'il soit dressé une liste des sociétés ayant adhéré au congrès et de leurs délégués. (Adopté.)

Proposé par M. Roche : que les questions de mutualité soient complètement laissées de côté, afin de ne pas embarrasser le programme, étant donné surtout qu'il doit y avoir un congrès international des sociétés mutuelles. (Adopté.)

Proposé par M. Lenormand : les membres du comité qui ne pourront venir, qu'ils soient empêchés ou qu'ils habitent la province, pourront déléguer par pouvoir spécial un membre de leur société à venir en leur nom et à les représenter. (Adopté.)

Proposé par M. Bonjean : le procès-verbal rédigé après chaque séance sera envoyé à chaque membre du comité. (Adopté.)

Proposé : que des communications soient faites à la presse, aux journaux de la corporation de la France et de l'étranger, des travaux du bureau et de la commission afin de donner au congrès tout le succès désirable. (Adopté).

Un programme sera rédigé par le bureau qui se réunira ultérieurement et qui décidera de la prochaine réunion de la commission.

Les réunions auront lieu à la Bourse du travail.

Après ces divers préliminaires, la séance est levée à cinq heures.

Le Président :	*Le Secrétaire général :*
Émile VERVELLE.	A. JAMET.

Première séance du bureau.

La séance est ouverte à 2 heures 1/2 par M. Vervelle, président.

Sont présents : MM. Vervelle, président ; Brochart et Guey, vice-présidents ; Jamet, secrétaire général ; R. Pierre, secrétaire adjoint.

Excusé : M. Roche, vice-président.

Le secrétaire général donne lecture du procès-verbal de la réunion de la commission.

Après avoir échangé quelques vues, on procède immédiatement à la discussion du règlement qui sera proposé au vote de la commission.

Voici le règlement que le bureau se propose de présenter à la commission :

RÈGLEMENT

Article premier. — Conformément à l'arrêté ministériel en date du 11 juin 1898, il est institué à Paris, au cours de l'Exposition universelle de 1900, un congrès international de voyageurs et représentants de commerce.

Art. 2. — Le congrès se tiendra les 11, 12, 13, 14 et 15 juillet 1900, dans la salle des Fêtes du Trocadéro.

Art. 3. — Seront membres du congrès : 1° les délégués des sociétés adhérentes, avec droit de vote ; 2° seront admis à titre d'auditeurs les voyageurs et représentants de commerce qui auront adressé leur adhésion au secrétaire de la commission avant le 1er juin 1900, et qui auront acquitté leur cotisation. Cette cotisation est fixée à cinq francs pour les membres officiels du congrès et à deux francs pour les membres auditeurs.

Art. 4. — Le nombre des délégués est fixé à trois membres au minimum pour chaque société adhérente, avec faculté pour chacune d'en augmenter le nombre, en raison de son importance.

Art. 5. — A la première séance, le bureau de la commission d'organisation, après avoir rendu compte de ses travaux, fera procéder à la nomination du bureau du congrès, qui aura la direction des travaux de la session. Immédiatement après, il sera procédé à la nomination des diverses commissions.

Art. 6. — Le bureau du congrès sera composé de : président d'honneur, un président, six vice-présidents, un secrétaire général, six secrétaires, un trésorier, un trésorier adjoint, deux questeurs.

Art. 7. — Le congrès comprendra des séances publiques, des séances générales, des séances de sections, des conférences, des visites à des établissements scientifiques ou industriels.

Art. 8. — Les membres du congrès auront seuls le droit d'assister aux séances qui ne sont pas publiques et aux visites préparées par la commission d'organisation, de présenter des travaux, et de prendre part aux discussions.

Art. 9. — Les travaux présentés au congrès, sur des questions mises à l'ordre du jour dans le programme de la session, seront discutés en séance générale. Les travaux qui ne figureront pas dans ce programme publié à l'avance seront lus en séance des commissions.

Art. 10. — Aucun travail ne peut être présenté en séance, servir de point de départ à une discussion, si, avant le 1er avril 1900, l'auteur n'en a communiqué le résumé ou les conclusions à la commission d'organisation.

Art. 11. — Les orateurs ne pourront occuper la tribune pendant plus de quinze minutes, ni parler plus de deux fois dans la même séance sur le même sujet, à moins que l'assemblée, consultée, n'en décide autrement.

Art. 12. — Les membres du congrès qui auront pris la parole dans une séance devront remettre au secrétaire, dans les vingt-quatre heures, un résumé de leurs communications pour la rédaction des procès-verbaux. Dans le cas où ce travail n'aurait pas été remis, le texte rédigé par le secrétaire en tiendra lieu ou le titre seul sera mentionné.

ART. 13. — La commission d'organisation pourra demander des réductions aux auteurs des résumés, elle pourra effectuer ces réductions ou décider que le titre seul sera inséré, si l'auteur n'a pas remis le résumé modifié en temps utile.

ART. 14. — Les procès-verbaux sommaires seront imprimés et distribués aux membres du congrès le plus tôt possible après la session.

ART. 15. — Un compte rendu détaillé des travaux du congrès sera publié par les soins de la commission d'organisation qui fixera l'étendue des communications livrées à l'impression suivant les ressources de la caisse.

ART. 16. — Le bureau du congrès statue en dernier ressort sur tout incident non prévu au règlement.

N.-B. — Toutes les communications relatives au congrès doivent être adressées à M. Jamet, secrétaire général de la commission d'organisation, 1, rue du Lunain, Paris.

Chaque article est discuté et, le règlement étant définitivement accepté, on décide de discuter le programme à présenter à la commission dans la prochaine réunion qui aura lieu mardi prochain 1er août.

Quant à l'assemblée de la commission elle aura lieu vraisemblablement dans les premiers jours d'octobre.

Le règlement et le programme seront envoyés à tous les membres de la commission ainsi qu'aux sociétés et syndicats adhérents.

La séance est levée à 5 heures.

Le Président : Émile VERVELLE.

Le Secrétaire général : A. JAMET.

DEUXIÈME SÉANCE DU BUREAU

(1er août 1899)

La séance est ouverte à 3 heures, sous la présidence de M. Brochart.

Sont présents : MM. Vervelle, Brochart, Guey, Jamet, R. Pierre.

M. Roche, indisposé, se fait suppléer par M. Malagié, vice-président de la Société des voyageurs de Lille.

M. Jamet fait la lecture du dernier procès-verbal, qui est adopté à l'unanimité.

Il donne ensuite communication d'une lettre émanant de la Société des voyageurs de Nantes. Cette société, ayant un budget trop mince en ce moment pour désintéresser son délégué des frais de voyage, demande si le congrès prendra les frais de déplacement à sa charge.

D'un commun accord, il est décidé que le bureau ne peut entrer dans ces considérations. Les cotisations individuelles sont très minimes et, partant de là, on peut juger des frais qu'entraînerait cette situation si chaque société avait un délégué.

Il est évident que les sociétés adhérentes de province pourront envoyer des délégués à la commission d'organisation et qu'elles seront tenues au courant de tous les travaux, mais on délibérera à la majorité des membres présents chaque fois. Les sociétés adhérentes pourront néanmoins avoir leur délégué à la commission d'organisation.

Il est ensuite présenté par M. Guey plusieurs revendications, mais on décide de les placer au fur et à mesure dans leurs sections respectives.

Et, de suite, le bureau entame la discussion du programme ci-dessous. Ce programme est divisé en principe en trois sections, sauf à laisser au congrès le soin de subdiviser ces sections, si bon lui semble.

Première Section. — Intérêts professionnels

1° Situation morale et matérielle des voyageurs et représentants de commerce en France et à l'étranger.

2° Création de prud'hommes commerciaux pour les voyageurs et représentants de commerce.

3° Voyages à l'étranger, patentes, cartes d'identité.

4° Assimilation complète des représentants aux voyageurs de commerce devant les lois fiscales et commerciales

5° En cas de faillite, extension du privilège de trois à six mois, pour les voyageurs et représentants de commerce à la commission.

6° Fédérations nationales des voyageurs et représentants de commerce.

7° Fédération internationale.

Deuxième Section. — Transports.

1° Du meilleur système à préconiser pour la délivrance des billets de chemins de fer et de la réduction des prix de transport des voyageurs et représentants.

2° Réduction du tarif pour le transport des colis d'échantillons.

3° Indemnités réglementaires, responsabilité des transporteurs de toute nature.

4° Transports à prix réduits sur les chemins de fer urbains et suburbains, dans les tramways au même titre que les ouvriers, sans réglementation de train ni d'heure.

5° Abaissement des tarifs postaux, télégraphiques et téléphoniques.

Troisième Section. — Économie politique

1° Organisation de la mutualité pour les sociétés de voyageurs et représentants de commerce.

2° Nécessité, pour les voyageurs et représentants de commerce, de créer des caisses de retraite et de secours pour veuves et orphelins.

3° Participation aux bénéfices pour les voyageurs et représentants de commerce.

4° Extension du commerce colonial et extérieur (consulats).

Toutes ces sections avec leurs subdivisions, sont l'objet d'une longue discussion : puis, d'un accord commun, le programme est définitivement adopté.

La séance est levée à 5 heures 1/2.

Le Président : H. Brochart. — *Le Secrétaire général :* A. Jamet.

Deuxième réunion de la commission d'organisation

(14 octobre 1899)

La commission d'organisation s'est réunie en séance plénière, le 14 octobre, au Palais de l'Exposition.

La séance est ouverte à 3 heures, sous la présidence de M. Vervelle.

Étaient présents : MM. Vervelle, président; Brochart, Guey, E. Roche, vice-présidents; Jamet, secrétaire général; Salsac, Frontigny, Lenormand, Vautherin, Martin, Malagié, Breissac, Fleig, Blum-Majeux, Buret, Figeac, de Seilhac, Lichtenberger, Cillié, Roger.

Excusés : MM. Bonjean, Hubert, Leboue, Mac-Carthy, Pinard.

Le secrétaire donne lecture du procès-verbal de la précédente séance, qui est adopté.

M. Jamet demande, avant de passer à l'ordre du jour, que la commission complète son bureau.

Sont élus à l'unanimité :

MM. Figeac, secrétaire adjoint ;
Roger, secrétaire adjoint ;
Fleig, trésorier.

L'ordre du jour appelle l'adoption définitive du règlement et du programme proposés par le bureau.

Après discussion, à laquelle prennent part MM. Figeac, Fleig, Brochart, Jamet, Roche, il est décidé que les projets seront adoptés article par article.

En conséquence, le secrétaire donne lecture des articles du règlement.

L'article premier est adopté.

Sur l'article 2, M. Fleig demande si trois jours seront suffisants pour les travaux du congrès.

M. Jamet donne lecture d'une lettre de M. Gariel informant le bureau que le congrès ne pourra disposer de la salle du Trocadéro que pendant 3 jours, soit les 9, 10 et 11 juillet. ou les 15, 17 et 18. Devant ce court espace de temps, la commission se demande s'il ne serait pas possible de le prolonger par un autre moyen.

M. Brochart demande cinq jours.

M. Figeac propose de prendre les trois jours de chacune des semaines qui sont offertes.

M. Roche dit qu'il serait bon pour les collègues de province de ne pas espacer les séances.

Après entente, les 9, 10 et 11 juillet sont adoptés et il est convenu que le dimanche 8 sera réservé à la réception des délégués.

M. Roche demande comment les commissions organiseront leurs travaux. M. Jamet demande que la question soit réservée pour le règlement ultérieur. (Adopté).

Il est donné lecture des articles 3 à 16, qui sont adoptés.

L'assemblée passe à la discussion du programme.

M. Fleig demande la parole sur l'article premier. Après ses observations l'article est adopté.

M. Brochart parle sur l'article 2 et demande sa suppression. M. Guey lui répond et demande son maintien. Mis au voix, l'article 2 est adopté.

M Roche émet ses idées sur la nécessité de la création des prud'hommes commerciaux et en explique le fonctionnement futur.

M. Cillié s'étend également sur l'intérêt de leur adoption par le congrès.

Après quelques mots de M. Breissac, l'article 3 est adopté.

Les articles 5, 6 et 7 sont adoptés sans discussion.

M. Lenormand demande la parole pour demander l'adjonction d'un article visant les représentants occasionnels.

M. Salsac dit que l'on ne doit pas encore entrer dans le fond de la discussion.

M. Jamet prie la commission de ne pas oublier que la réunion a pour but de dresser un canevas de questions sur lesquelles viendront se greffer toutes celles qui se rattacheront au même sujet, mais ce qui importe surtout, c'est d'en finir, car le temps presse.

L'assemblée se range à cet avis et les autres articles du programme sont adoptés.

M. Figeac exprime le désir que le congrès s'étende également aux employés de commerce de toutes catégories et demande que leurs groupes soient invités.

M. Jamet répond qu'il est un peu tard pour le faire, car tout serait à recommencer, mais, comme tous les collègues sont loin de repousser l'idée, on soumettra au vote du congrès l'adoption d'une motion étendant aux employés le bénéfice des décisions prises qui les intéresseraient d'une façon générale.

L'ensemble du programme, mis aux voix, est adopté.

M. le Président demande si quelques collègues ont des propositions à faire.

Le secrétaire donne lecture d'un brouillon de circulaire qui sera adressée à toutes les sociétés existant en France et à l'étranger. Cette circulaire sera jointe aux programme et règlement.

M. Jamet dépose également un projet d'affiches qui pourraient être adressées à tous les chefs d'établissements où descendent d'ordinaire les voyageurs et représentants.

Après observations de MM. Fleig, Roche, Brochart, et explications de M. Vervelle, l'assemblée adopte le principe et charge le secrétaire d'en assurer l'exécution.

M. Jamet demande également que la commission se divise immédiatement en sous-commissions, correspondant aux sections du programme, chacun des commissaires devant s'inscrire dans celle qui s'occupera des questions qu'il désire traiter.

La proposition est adoptée et MM. les commissaires s'inscrivent suivant l'ordre indiqué sur une liste annexée au procès verbal.

L'ordre du jour étant épuisé, la séance est levée à 7 heures.

Le président : É. Vervelle.

Le secrétaire général : A. Jamet.

Conformément aux décisions de la commission d'organisation, l'affiche reproduite ci-contre fut adressée à tous les établissements fréquentés par les voyageurs et représentants de commerce.

RÉPUBLIQUE FRANÇAISE

LIBERTÉ — ÉGALITÉ — FRATERNITÉ

MINISTÈRE DU COMMERCE, DE L'INDUSTRIE, DES POSTES ET DES TÉLÉGRAPHES

EXPOSITION UNIVERSELLE DE 1900

CONGRÈS INTERNATIONAL DES VOYAGEURS ET REPRÉSENTANTS DE COMMERCE

Nous avons l'honneur d'informer Messieurs les Voyageurs et Représentants de Commerce de France et de l'Étranger qu'un Congrès International se tiendra les 9, 10 et 11 JUILLET 1900 dans la GRANDE SALLE DES FÊTES DU TROCADÉRO, sous la Présidence d'un Membre du Gouvernement.

Nous faisons un pressant appel auprès de tous les Collègues afin qu'ils s'associent à nos travaux.

Les circulaires, programmes et règlement sont à la disposition de tous ceux qui en feront la demande au siège social de chacune des sociétés adhérentes.

Les adhésions sont reçues à deux titres différents :

1° *Au titre de participant*, les délégués des groupes constitués ;

2° *Au titre d'auditeur*, tous les Voyageurs et Représentants de Commerce qui auront adressé leur cotisation, fixée à 2 francs, avant le 1er JUIN 1900.

La Commission d'organisation.

BUREAU :

PRÉSIDENT :

VERVELLE (Émile), *Président du Syndicat des Voyageurs et Représentants de Commerce* [illegible]

BROCHART (Henri) *Vice-Président de la Société de Protection mutuelle des Voyageurs de Commerce à Paris.*

Président de l'Union Syndicale des Employés-Représentants de Commerce Parisiens.

Président de la Société de Secours mutuels des Voyageurs et Employés de Lille et du Départem. du Nord.

SECRÉTAIRE GÉNÉRAL :

JAMET (Auguste)

Secrétaire général du Syndicat des Voyageurs et Représentants de Commerce, Bourse du Travail, Paris.

SECRÉTAIRES ADJOINTS :

FIGEAC (J.)
Administrateur de l'Association des Voyageurs de Commerce et de l'Industrie, à Paris.

ROGER
Secrétaire général de l'Union syndicale des Employés-Représentants de Commerce Parisiens.

TRÉSORIER :

FLEIG (Charles)

Vice-Président de la Société de protection mutuelle des Voyageurs de Commerce, à Paris

MEMBRES :

ARBEAUMONT, Président de la Chambre syndicale des Représent. de Paris.

BEAU (Victor), Rédacteur à l' « Agence Havas ».

BLUM-MAJEUX (Fernand), Ancien Président du Congrès des Voyageurs et Représentants de Commerce en 1889.

BONJEAN (Victor), Président de la Soc. de protection mutuelle des Voyageurs de Commerce de Paris.

BREISSAC (Félicien), Vice-président de la Soc. de protection mutuelle des Voyageurs de Commerce de Paris.

BURET (Romain), Administr. de l'Assoc. des Voyageurs de Commerce de Paris.

COUTURIER (Pierre), Secrétaire génér. de la Société de Secours mutuels des Voyag. et Repr. de Comm. et de l'Industrie de l'Ain, à Bourg.

GILLIÉ, Memb. de l'Union syndicale des Empl. et Repr. de Commerce Parisiens.

FRONTIGNY (Auguste), Trésorier du Synd. des Voyag. et Repr. de Comm., Bourse du Travail, à Paris.

HUBERT, Président de la Société philanthropique des Voyageurs et Repr. d'Indre-et-Loire, à Tours.

LEBOUC (A.), Présid. de la Soc. phil. des Voyag. et Repr. du départem. de la Sarthe, au Mans.

LENORMAND (Alfred), Président de la Ligue synd. des Voyageurs en liquides de Rouen.

LICHTENBERGER (André), Délégué permanent du Musée social, à Paris.

MAC-CARTHY, Secrét. gén. du Syndic. des Intérêts industriels, à Nantes.

MALAGIÉ (Georges), Vice-Présid. de la Société de Secours mutuels des Voyageurs et Employés de Lille et du dép. du Nord, à Lille.

MARNEFFE (Guill.), Prés. de la Société gén. des Voyag. de Comm. de Belgique, Présid. du Cong. internat. des Voyag. de Commerce de Bruxelles, 1897.

MARTIN (Paul), Vice-Prés. de la Soc. de Soc. mut. des Voyag. et Empl. de Lille et du départem. du Nord, à Lille.

PINARD (Jules), Membre du Syndicat commercial algérien (groupe des Rep. et Voyageurs de Commerce).

REYMOND (Ernest), Secrét. gén. de la Société de protect. mut. des Voyag de Commerce, à Paris.

RICHARD (Ernest), Présid. de l'Assoc. fraternelle des Voyag. et Représ. de Commerce de la région du Sud-Ouest, à Saintes.

RIVET, Présid. de l'Assoc. amicale des Voyageurs et Repres. des Ardennes, à Charleville.

SALSAC (Louis), Vice-Prés. du Syndic. des Voyag. et Représ. de Commerce, Bourse du Travail, à Paris.

SEILHAC (Léon de), Délégué permanent du Musée social, Secrétaire du Comité du Groupe de l'Économie sociale à l'Exposition de 1900.

VAUTHERIN (Étienne), Vice-Président du Syndicat des Voyageurs et Représ. de Commerce, Bourse du Travail, à Paris.

Adresser les fonds à M. Charles FLEIG, trésorier, boulevard de Strasbourg, n° 13, à Paris.

Les communications et demandes de renseignements devront être adressées à M. JAMET, secrétaire général du Congrès, rue du Lunain, n° 1, à Paris, ou au Président du Syndicat des Voyageurs et Représentants de commerce, Bourse du Travail, Paris.

Un dernier appel fut adressé, avec le règlement, le programme et la liste des sociétés adhérentes au congrès. Il était ainsi conçu :

AUX VOYAGEURS ET REPRÉSENTANTS DE COMMERCE

Le 8 Juillet, va s'ouvrir le *Congrès des Voyageurs et Représentants de Commerce* ; peu de jours nous séparant de cette date, nous avons cru devoir faire un dernier appel en adressant le programme des travaux.

Ce congrès faisant suite à ceux précédemment tenus, tant en France qu'à l'Étranger, doit, suivant son importance, comporter une suite de délibérations effectives. Jusqu'à ce jour, les différentes assemblées de ce genre, après avoir étudié et discuté diverses mesures propres à améliorer le sort de la corporation, ont clôturé leurs délibérations par l'émission de vœux qui sont restés lettre morte.

La cause de cette non-efficacité reposant simplement sur le manque de suite dans la présentation de ces vœux, il appartient aux Congressistes de 1900 d'asseoir sur des bases solides la *Fédération internationale* projetée qui, elle au moins, puisera dans son essence même, la force nécessaire pour appuyer les délibérations d'une manière efficace.

Du reste, nombre de bons esprits se sont déjà rencontrés sur ce terrain ; les Congrès de Paris et de Bruxelles en 1889, de Bruxelles en 1897, ont émis des vœux tendant à la création de la Fédération ; des journalistes professionnels ont mené le bon combat et nombre de Sociétés adhérentes ont délibéré dans ce sens. Nous ne saurions donc trop engager les Délégués à étudier de très près la création de Fédérations nationales qui se fondront ensuite dans la grande *Fédération Internationale*.

Les questions concernant les transports ont été étudiées d'une façon très large ; chacun de nous sent bien que là aussi, il est de grandes réformes à accomplir, que la lutte contre l'obligarchie des monopoleurs est dure et que, pour obtenir quelque chose des grandes compagnies exploiteuses, il nous faudra de la ténacité ! Nous en aurons.

A l'occasion du Congrès, nous avons eu l'occasion de mesurer la dose de concessions que les dirigeants des grandes compagnies sont disposés à faire aux Voyageurs de Commerce: la réponse à une demande de réduction sur le voyage des Délégués est tout à fait typique et démontre surabondamment que seule la cohésion pourra faire obtenir quoi que ce soit.

Les questions d'économie politique ne doivent pas non plus laisser les collègues indifférents. A ces questions, discutées dans d'autres enceintes par de hautes personnalités que nous sommes heureux de compter parmi nous, les délibérations du Congrès doivent apporter un appoint qui ne peut qu'amener leur généralisation universelle.

Pour ces motifs qui seront développés d'une façon plus vaste et plus étudiée que ne le permettent ces quelques lignes, nous ne saurions trop insister auprès de tous les Collègues afin qu'ils nous apportent leur appui Il ne faut pas qu'ils oublient que leur seule force réside dans ces assemblées générales où viennent apporter la bonne parole des camarades de tous les points du globe.

La grande famille des Voyageurs et Représentants de Commerce étant un des principaux agents de la richesse des nations ne doit point oublier qu'elle a des obligations et ne jamais oublier également qu'aucune des manifestations du génie humain ne doit la laisser indifférente ! Elle doit, à l'occasion des Grandes Assises du Travail et de l'Industrie, montrer encore une fois au monde qu'elle est toujours debout, vaillante et forte et qu'on la trouve toujours là où son devoir l'appelle.

POUR LE COMITÉ D'ORGANISATION,
A. JAMET, Secrétaire Général.

Sociétés adhérentes

Françaises.

1.	Syndicat des voyageurs et représentants de commerce, Bourse du Travail.	Paris.
2.	Société de protection mutuelle des voyageurs de com., Boul. de Strasbourg.	Paris.
3.	Association des voyageurs et commis du commerce, Boulevard Sébastopol.	Paris.
4.	Soc. de secours mutuels des voyag. et employés de Lille et départ. du Nord.	Lille.
5.	Syndicat des intérêts industriels de Loire-Inférieure	Nantes.
6.	Association fraternelle des voyageurs et représentants de com. du Sud-Ouest.	Saintes.
7.	Syndicat commercial algérien (Groupe des voyageurs)	Alger.
8.	Union synd. des empl. et représentants de commerce parisiens, 8, r. St-Bon .	Paris.
9.	Association amicale des voyageurs et représentants des Ardennes . . .	Charleville
10.	Ligue syndicale des voyageurs en liquides de Rouen, Bourse du Travail. .	Rouen.
11.	Société de secours des voyageurs, représentants et employés de l'Ain. . .	Bourg.
12.	Chambre syndicale des représentants de fabrique, rue de Lancry. . . .	Paris.
13.	Société philanthropique des voyageurs et représentants de la Sarthe. . .	Le Mans.
14.	Société philanthropique des voyageurs et représentants d'Indre-et-Loire. .	Tours.
15.	La Mutuelle du sou du voyageur, rue Saint-Denis.	Paris.

16.	Association amicale des voyageurs et représentants de Loir-et-Cher. .	Blois.
17.	Société de secours mutuels des employés et voyageurs d'Annonay . .	Ardèche.
18.	Syndicat des courtiers et représentants de commerce d'Orléans et du Loiret.	Orléans.
19.	Chambre syndicale des représentants pour l'exportation, 72, r. d'Hauteville.	Paris.
20.	Groupe socialiste des voyag. et représ. de commerce, 6, boulevard Magenta.	Paris.
21.	Syndicat des produits alimentaires en gros, rue Saint-Martin	Paris.
22.	Syndicat central des voyageurs de commerce, rue de Bretagne.	Paris.
23.	Chambre syndicale des voyageurs et représentants de Valenciennes. . .	Valenciennes
24.	Société amicale des voyageurs de la place d'Orléans et du Loiret. . .	Orléans.
25.	Syndicat des représentants et placiers de commerce, Bourse du Travail. .	Marseille.
26.	Syndicat des représentants de commerce de Reims et de la région . .	Reims.
27.	Syndicat des voyageurs et représentants de la région du Nord	Lille.
28.	Société mutuelle des voyageurs et représentants de commerce	Saint-Étienne
29.	Chambre syndicale des voyageurs et représentants de commerce. . . .	Bordeaux.
30.	Syndicat des représentants de commerce et de l'industrie	Besançon.
31.	Association des voyageurs de commerce de la Seine-Inférieure	Rouen.
32.	Société de protection mutuelle et de retraite des voyageurs	Toulouse.

33. Union des représentants de fabrique en tulles, dentelles, broderies, 5 r. d'Uzès. — Paris.
34. Chambre consultative des arts et manufactures . . . . — Saint-Dié.
35. Syndicat des représentants de commerce — Reims.
36. Syndicat des voyageurs et représentants de commerce . . . . — Constantine
37. Chambre de commerce de Paris. . . — Paris.
38. Chambre de commerce de Maine-et-Loire. . . . . — Angers.
39. Chambre de commerce française de Belgique. . . . . — Bruxelles
40 Syndicat des voyageurs et représentants de commerce . . . . — Niort.
40bis Chambre de commerce de Lyon. . . — Lyon.

Étrangères.

41. Société générale des voyageurs de commerce . . . . — Bruxelles.
42. Conseil fédéral des voyageurs de Belgique. . . . . — Bruxelles.
43. Société coopérative des commis et employés de commerce . . . . — Turin.
44. Société générale des voyageurs de Hongrie . . . . — Budapest.
45. Association générale de secours mutuels des voyageurs. . . . . . . — Milan.
46. Comité central de la Société suisse des voyageurs . . . . — Bienne.
47. Société des voyageurs et commissionnaires de commerce. . . . . . — Madrid.
48. Union des voyageurs de la Suisse Romande . . . . — Genève.

49. Société des voyageurs de Suède-Norvège. . . . . CHRISTIANIA.
50. Union des voyageurs de commerce d'Australie . . . . MELBOURNE.
51. Union des voyageurs de la Nouvelle-Galles du Sud . . . . SYDNEY.
52. *Moniteur des voyageurs de commerce.* TURIN.
53. Association des commis de Genève. . SUISSE.
54. Société de secours mutuels des voyageurs de Turin. . . . . TURIN.
55. Société générale des voyageurs allemands . . . . LEIPZIG.
56. Club des voyageurs de commerce . . LONDRES.
57. Gouvernement des États-Unis Mexicains MEXICO.
58. Société centrale des voyageurs de commerce autrichiens. . . . . . . VIENNE.
59. Société des voyageurs de commerce de Hollande . . . . ROTTERDAM.
60. Société des voyageurs de commerce. . LUXEMBOURG.
61. Société mutuelle des voyageurs . . BARCELONE.

LISTE DES DÉLÉGUÉS ET AUDITEURS AU CONGRÈS

DÉLÉGUÉS

11	Humbert (Max)	Dombasle s/-Meurthe
12	Roche (E)	Lille
13	Martin (P)	id.
14	Malagié (G)	id.
15	Viollet	Niort
16	Loiseau.	Serancourt
17	Cornier	Courbevoie (Seine)
18	Barberon..........	Paris
19	Simart	St-Maur-les-Fossés
20	Tellier	Paris
21	Ferrand........ ..	id.
22	Bernard-Dimeroucq	Lille
23	Beaufort...........	id.
24	Vatinelle	id.
25	Laran	Bordeaux
26	Figeac	Paris
27	Guiffray (T).......	Gère (Isère)
28	Huot...............	id.
29	Angibault	La Roche-sur-Yon
30	Solly (N)..........	Paris
32	Deneuve	Le Havre
33	Yvelin	Bonnières (Seine)

34	Marche (A)	Gisors (Eure)
35	Chaumeron	Niort
37	Richard	Saintes
38	Lebon	id.
39	Sauvêtre	id.
40	Cousin	id.
41	Lenormand	Rouen
42	Attout-Soënens	Bruxelles
43	Dalle	id.
45	Tubiana	Sousse (Tunisie)
47	Dupré	Reims
51	Bonnissel	Le Pirée (Grèce)
52	Lelong	Rouen
54	Alglave	Valenciennes
55	Dureaux	Orléans
56	Bonnet	id.
57	Rousset	id.
61	Reidar Due	Christiania (Norvège)
62	Perrot	Blois
63	Compère	id.
64	Bonjean	Strasbourg
65	Breissac.	Paris
66	Fleig	id.
67	Brochart	id.
68	Bagès	id.
74	Wallez	Valenciennes
77	Marneffe	Bruxelles
78	Cabéke	id.
79	Crespel	id.
80	Crotto	Apt
81	Vizet	Reims

82	Guey	Saint-Mandé (Seine)
83	Trebucien	Paris
85	Huret	id.
86	Barbier	id.
87	Béthout	id.
88	Desgranges..	id.
89	Duval............	id.
90	Nivet	Tours
91	Hubert......... ..	id.
93	Maurier	Genève
94	Hellion	Charenton (Seine)
95	Millon.	La Varenne St-Hilaire (Seine)
96	Roger......... ...	Paris
108	Lohr	Montrouge (Seine)
109	Garnier	Gérardmer (Vosges)
110	Peillon............	St-Étienne
111	Blondeau..........	Besançon
112	Bijasson	id.
113	Blanche....	id.
114	Mesplé	Condom
116	Chollet.........	Genève
117	Pauly	id.
118	Nadal.......... ..	id.
119	Surée	Rouen
120	Rault..	id.
123	Justau............	Angers
124	Manant..	id.
126	Kosciusko	Paris
127	Règle (P)..... ...	id.
128	Auër.....	Budapest

129	Geza Beck.........	Budapest
130	Zerkowitz.........	id.
134	De Angeli.........	Milan
135	Pentlår...........	Vienne
137	Blot..............	Vincennes (Seine)
138	Buret.............	Sèvres (Seine)
139	Monière...........	Paris
140	Balzinger.........	id.
141	Feillet...........	id.
143	Boyer.............	Orléans
169	Cuvelier..........	Lille
170	Agneray...........	id.
175	Allaux............	Bruxelles
176	Lefebvre..........	id.
181	Decaux............	Toulouse
182	Boyreaud..........	id.
183	Grappe............	id.
184	Isalier...........	id.
187	Pilz..............	Leipzig
190	Montlaur..........	Mustapha (Algérie)
218	Senayrolles.......	Paris
219	Laur..............	Vanves (Seine)
220	Gaudin............	Issy (Seine)
221	Moulin............	Marseille
222	Cillié............	Vanves (Seine)
224	Béon..............	Bruxelles
225	Toose.............	Australie
226	Nesbitt...........	id.
228	Delahaye..........	Angers
229	Costes............	Lille
231	Pacot.............	Chatillon-sur-Seine

232	Minnigio	Turin
239	Guillot	Constantine
240	Montalant	Paris
300	Vervelle	id.
301	Jamet	id.
302	Frontigny	id.
303	Salsac	id.
304	Vautherin	Bécon-Courbevoie (Seine)
305	Grimaud	Annonay
306	Bouë	id.
307	Lambert	id.
308	Casier	id.
309	Charrier	Niort
310	Bougnot	id.
311	Ricbourg	Paris
312	Lepère	id.
313	Rufin-Mesplé	Bordeaux
314	Dumartzen	Malaga (Espagne)
315	Bloch	id.
316	Maltrana	Madrid
317	Peiro	id.
318	Ferreda	id.
319	Boyeldieu	Amiens
320	Léone (Vital)	Turin
321	Zerkowitz	Budapest
322	Van Gelder........	Rotterdam
323	Bruce	Toulouse
324	Loubet	id.
325	Kaufmann....	Paris
326	Bridet.............	id.

327	Pignot.............	Paris
328	Billard............	id.
329	Dupont	id.
330	Prillard	id.
331	Bardin	id.
332	Goman............	id.
333	Boulaine	id.
334	Guiller............	id.
335	Labort	id.
336	Caplain	id.
337	Saudray...........	id.
338	Frings	id.
339	Schnerb...........	id.
340	Bardoux	id.
341	Cahen	id.
342	Walter............	id.
343	Le Rouvillois......	id.
344	Lombart..........	id.
345	Fages	id.
346	Guista	Turin
347	Mazand	id.
348	Danset............	Paris
349	Menier...........	id.
350	Niederlein.........	Philadelphie (É.-U.)
351	Elizonda	id.
352	Lèbre	id.
353	Hoth..............	id.
354	Bec	id.
355	De Monzie	Paris
356	Barbarand	id.
357	Vinay	Ivry (Seine)

358	Étienne............	Paris
359	Oury..	id.
360	Vilson	id.
361	Colas	id.
362	Chaine	id.
363	Santarsiero	id.
364	Mocquet-Lesage ...	id.
365	Paquot	id.
366	Jolivet	id.
367	Dupuy-Fromy	id.
368	Huez..............	Amiens
369	Rabouille	id.
370	Jauréguiber	Noisy-le-Sec (Seine)
371	Beau (V.)..........	Paris
372	Malagié	La Madeleine-lez-Lille (Nord)
373	De Seilhac.........	Paris
374	Lichtenberger	id.
378	Ricard	Rouen
379	Eisenbeth (J.)......	Paris
387	Mancey	id.
389	Henriet	Marseille
392	Oss................	Rotterdam
393	Gayou-Lion	Limoges
394	Keufer	Paris
395	Caupat	id.
396	Dalle..............	id.
397	Gillis	id.
398	Pfeiffer............	Luxembourg
399	Wirion	id.

AUDITEURS

4	Le Goïc...........	Quimper
8	Bertignac	Limoges
10	Barrault	Orléans
11	Dalloz	Douai
12	Rabardeau	Bécon-les-Bruyères (Seine)
13	Séguin et fils.......	Vienne
14	Ducrot	Moulins
27	Puy............	Paris
30	Huot-Gautherin....	Troyes
31	Guittet	Paris
34	Lejeune...........	id.
35	Chaumeron........	Saint-Maixent (Deux-Sèvres)
36	Postel............	Liffol-le-Grand (Vosges)
44	Brown...........	Paris
46	Jeanjean.........	Toulouse
48	Vilhem	Neuilly
49	Déchet	Moulins
50	Julien.............	Paris
53	Chadbec	Bordeaux
58	Bouzique	Orléans
59	Constant	Paris
60	Chalin	id.
69	Durlach..........	id.
70	Soubiates	Saint-Brieuc
71	Lepacher..........	Paris
72	Reichel	id.

73 Denis .... Paris
75 Joubert .... Saint-Mandé (Seine)
76 Hémart .... Paris
84 Redon. .... id.
92 Pinot .... Tours
97 Lohr .... Montrouge (Seine)
98 Flagella .... Paris
99 Durand .... id.
100 Leprêtre .... id.
101 Permette .... id.
102 Hanus .... id.
103 Salès .... id.
104 Dutertre .... id.
105 Verneuil .... id.
106 Boulleret .... id.
107 Scherneau .... id.
115 Martin .... id.
121 Vecque .... id.
122 Château .... id.
125 Fagot .... id.
131 Gramain-Didier .... Raon-l'Étape (Vosges)
132 Gayon .... Limoges
133 Chabot .... Paris
136 Ramé (Pascal) ..... Samois (Seine-et-Oise)
142 Ménard .... Elbeuf
144 Ernoult .... Lille
145 Belle .... id.
146 Missu .... id.
147 Cliquennois ...... id.
148 Plus .... id.
149 Caboche .... id.

150	Robyn	Dax
151	Mussche...	Lille
152	Dumont	id.
153	Grau........... .	id.
154	Ghesquier.........	id.
155	Béghin.	id.
156	Deneuville	id.
157	Delelis.....	id.
158	Delahaye..........	id.
159	Dewimant....	id.
160	Dumont........ ..	id.
161	Buirette...........	id.
162	Delecourt	id.
163	Merrymann........	id.
164	Swynghedam......	id.
165	Gillard............	id.
166	Vermesse..........	id.
167	Vanackère.........	id.
168	Ninive........... .	id.
171	Ducasse...	Orléans
172	Poncet	Jevinquey (Jura)
173	Lecam	Cholet
174	Lévy..............	Tours
177	Bernadat..........	Limoges
178	Farragut	Nérac
179	De Paepe..........	Vanves (Seine)
180	Pierrot............	Orléans
185	Desmetz..........	Beret, par Frévent (Pas-de-Calais)
186	Raichmann........	Paris
188	Pilz (Mme)..	Leipzig

189	Boudot........ ...	Paris
191	Stiévenard.........	Lille
192	Delpeut	Paris
193	Guérard..........	Le Mans
194	Brévent.	Gisors (Eure)
195	Coullet...........	id.
196	Schumann.	id.
197	Baguet...........	Paris
198	Cagnard..........	Aumale (Seine-Infér.)
199	David............	Elbeuf
200	Guilbert	Pommeries (S.-et-Oise)
201	Simon............	Petit-Quevilly (S.-Inf.)
202	Gilson	Maison Salle id.
203	Hélouis.....	Rouen id.
204	Maurouard	Petit-Abbeville, près Dieppe
205	Foliot............	Petit-Quevilly (S.-Inf.)
206	Duruble..........	id.
207	Permine	Bihorel id.
208	Balanot	Rouen
209	Fermine..........	id.
210	Duhamel.........	id.
211	Guéraud	Gournay-en-Braye (S.-Inf.)
212	Renaudier........	Dieppe
213	Mittelhausen	Charenton (Seine)
214	Chanteux.........	Paris
215	Vinet	id.
216	Cabrol...........	id.
217	Soive.............	Levallois-Perret (Seine)

223	Masson	Paris
227	Barbis	Toulouse
230	Caussin............	Parc St-Maur (Seine)
233	Geffroy............	Lorient
234	Salvenave.........	La Rochelle
235	Vigneras	id.
236	Rouhaud	id.
237	Charton...........	id.
238	Chanroux..........	Paris
247	Guillier	id.
257	Bérujean	id.

SÉANCES DU CONGRÈS

PREMIÈRE SÉANCE

DIMANCHE 8 JUILLET 1900

Présidence de M. **Vervelle**, président de la commission d'organisation.

Ouverture du congrès. — Allocutions de MM. Roche, Jamet, Marneffe. — Élection du bureau.

La séance est ouverte à trois heures.

M. **Roche**, *vice-président de la commission d'organisation.* — Mesdames, Messieurs, l'honorable président de la commission d'organisation du congrès international des voyageurs et représentants de commerce, M. Vervelle, a été fort préoccupé, ces jours-ci, par la maladie d'un de ses plus proches parents. Il me prie de prendre aujourd'hui la parole à sa place. Je suis pris un peu à l'improviste, et vous prie de m'excuser. Néanmoins, je suis très heureux d'avoir à m'acquitter de cette mission, car ma première parole doit être une parole de remerciements aux délégués étrangers qui ont bien voulu répondre à notre appel. (*Applaudissements.*)

Ils sont venus nombreux, et ils ont apporté de nombreuses adhésions des différents pays dont la liste a été inscrite au programme du congrès. Au nom de la commission d'organisation tout entière, je leur souhaite, de tout cœur, la plus franche et la plus cordiale bienvenue. (*Nouveaux applaudissements.*)

Nous écouterons les conseils qu'ils voudront bien nous donner et qui seront dictés par leur expérience. S'il est une corporation dans laquelle les relations internationales doivent être franches, agréables et faciles, c'est bien, mes chers camarades, celle des voyageurs de commerce, qui se répand de plus en plus dans les différentes nations de l'Europe et du monde entier. Nous accueillons les délégués étrangers avec le plus grand plaisir, nous ferons tous nos efforts pour leur être agréables. Au nom du bureau de la commission d'organisation, je leur dis : Soyez les bienvenus parmi nous. (*Vifs applaudissements.*)

M. **Jamet**, *secrétaire général de la commission d'organisation.* — Mesdames, mes chers collègues, la tâche qui nous incombe aujourd'hui est tout à fait agréable. Je ne veux pas répéter les paroles de notre vice-président M. Roche, mais, comme j'ai eu le plaisir de correspondre avec tous ou presque tous les délégués étrangers, je me permets à mon tour de leur souhaiter la bienvenue et de leur promettre l'accueil le plus cordial de la part de la commission d'organisation.

L'idée de ce congrès remonte à deux ans. M. Vervelle, président du syndicat des voyageurs et représentants de commerce, ayant assisté au congrès de Bruxelles, communiqua ses impressions dans une séance du Conseil syndical, et l'intérêt qui se dégageait des questions traitées au point de vue corporatif fit adopter d'emblée par le syndieat l'idée d'organiser à Paris, en 1900, un congrès faisant suite aux congrès précédents. Le concours dévoué que vous nous avez apporté et l'empressement que vous avez mis à répondre à notre appel prouvent que l'idée était bonne ; il faut espérer qu'elle sera féconde.

Il est nécessaire que la corporation des voyageurs de commerce. comme toutes les autres corporations, sache s'entendre. Nous sommes nomades par profession et il nous est plus difficile d'arriver à nous sentir les coudes que dans certaines autres professions. dont les représentants se trouvent tous les jours réunis. L'entente ne se fait entre nous que par l'intermédiaire des sociétés et, comme les sociétés de voyageurs et de représentants de commerce sont nombreuses, il est nécessaire de les grouper de temps à autre : de cette réunion. de cette cohésion. de ce frottement, il sortira toujours quelques étincelles. Il faut que les hommes se réunissent et s'entretiennent de temps à autre. afin de poursuivre un but plus élevé et de donner plus de force à leurs revendications.

Aussi avons-nous cru devoir faire appel à toutes les sociétés, groupes, syndicats existant en France et à l'étranger, sans faire aucune exception, en leur adressant une circulaire pour leur soumettre l'idée du congrès. Nous avons pensé que, malgré la diversité des articles, malgré la différence de situation des voyageurs et des représentants, nous avions toujours affaire à des vendeurs : et ce congrès pourrait s'appeler tout aussi bien le congrès des vendeurs.

Nous avons espéré que de nos discussions sortirait quelque résultat, notamment pour les représentants de commerce patentés de province, qui souffrent beaucoup d'une concurrence illicite, comme l'a expliqué un de nos camarades dans un rapport que nous nous sommes permis d'intituler: « Représentants d'occasion », bien que le mot ne soit pas absolument le mot propre.

D'autre part, les voyageurs de commerce souffrent de la tyrannie des compagnies de chemins de fer. Vous savez ce qu'elles sont disposées à faire à notre égard. Nous avons, comme il était convenu à l'avance, fait une démarche auprès du syndicat des grandes compagnies pour obtenir une réduction sur le transport de nos délégués au congrès. Nous sommes allé voir un monsieur qui nous a reçus fort aimablement, comme on sait recevoir dans les administrations: on promet beaucoup, mais on tient peu; on nous avait promis des facilités pour nos camarades, mais, en fait de facilités, on ne nous a rien donné, on nous a refusé ce qu'on accorde à d'autres congrès, en nous faisant cette observation que, pour les compagnies de chemins de fer, nous sommes « embêtants », — c'est le mot du monsieur.

Nous sommes embêtants. — Cela s'explique, avons-nous répondu, il est tout naturel que nous soyons embêtants, puisque nous sommes tous les jours chez vous. Nous sommes plus embêtants qu'un brave paysan du fond des Cévennes que vous ne verrez pas une fois par an, tandis que nous, qui nous servons de vos outils tous les jours, nous en voyons les défectuosités et nous nous en plaignons.

D'autre part, après nous avoir promis qu'on nous accorderait quelque chose, le monsieur nous a dit: « Cela ne vous empêchera peut-être pas de nous taper dessus », et il avait, en effet, des raisons de croire que nous taperions dessus ; car, bien que chaque société ait fait des démarches, bien qu'elles aient toutes harcelé les compagnies, nous n'avons rien obtenu, ou si peu que ce n'est pas la peine d'en parler. Eh bien, il dépend du congrès, de ces sociétés qui représentent 150 ou 200 mille voyageurs, tant français qu'étrangers, et qui souffrent des mêmes maux, il dépend d'elles de se grouper, d'adopter les mêmes vœux qui seront ainsi présentés avec une force telle que les compagnies — je ne dis pas devront nous accorder ce que nous demandons — seront forcées de capituler. (*Applaudissements*)

Mais, comme nous vous l'avons dit dans la petite brochure que vous avez reçue, tous les congrès se terminent par des vœux. Il ne faudra pas que ces vœux restent lettre morte, il dépend de vous qu'ils aient une sanction. Il faut qu'ils soient appuyés par une force supérieure à toutes celles que nous avons pu réunir jusqu'à ce jour. Il faut que ces vœux qui, je n'en doute pas, seront adoptés à l'unanimité, soient soutenus par une représentation, par une émanation du congrès, je veux dire la fédération nationale et la fédération internationale.

La plupart des pays étrangers possèdent leur fédération nationale. Nous avons eu l'occasion de nous en rendre compte en écrivant aux sociétés de Brünn ; elles nous ont répondu : « Nous ne pouvons pas envoyer de délégués à votre congrès, car c'est la société de Vienne qui est la représentation de toutes les sociétés d'Autriche. » Nous avons reçu des réponses semblables de Suisse, où les voyageurs sont représentés par l'Union des Voyageurs de la Suisse romande de Genève, et par le Comité central de la Société suisse des voyageurs de Bienne.

En France, nous n'avons pas cette cohésion, nous avons de nombreuses sociétés. Eh bien, il faut que les pays qui n'ont pas de fédération nationale en créent une. Notre vice-président, M. Roche, a fait un travail que vous avez reçu : il reste à discuter les questions de détail ; mais, ce que nous devons avant tout chercher à réaliser, c'est la fédération nationale, d'abord, et ensuite la grande fédération internationale. (*Vifs applaudissements.*)

M. le **secrétaire général** donne lecture d'un télégramme du bureau international permanent de la Paix et d'un autre télégramme du président de la Société générale des voyageurs de Hongrie, ainsi conçu :

« Budapest. — La Société des voyageurs de commerce de Hongrie regrette vivement de ne pouvoir pas prendre part à vos travaux; veuillez l'excuser. Nos délégués sont empêchés d'apparaître; par nos sentiments, par nos pensées, nous sommes chez vous et nous souhaitons un brillant succès à vos efforts pour faire avancer nos intérêts d'état communs. Vivent les présidents, le bureau et les membres du congrès!

La présidence : AUER, BECK, KANITZ. »

Il donne aussi communication du télégramme suivant du directeur de l'Union des voyageurs de commerce de Hongrie :

« Budapest. — Une indisposition assez grave m'empêche de prendre part au congrès commençant ce jour même, ainsi que je vous l'avais annoncé en ma qualité de président des employés de commerce des pays de la Couronne hongroise et comme directeur de l'Union des voyageurs de commerce de Hongrie; j'ai donc dû me résigner à m'abstenir de vos travaux et de décider avec vous les questions si importantes qui sont à l'ordre du jour, mais veuillez agréer l'assurance que je vous donne au nom des Unions dont je suis le représentant que nous adhérons pleinement et entièrement à vos décisions, sans doute très favorables.

» Je prie M le secrétaire de vouloir bien faire part de nos chaleureuses acclamations à tous nos chers collègues et soumettre nos hommages respectueux au protecteur illustre du commerce, à M. le ministre Millerand, qui vient de prouver brillamment par sa manière de penser, vraiment noble, que la protection efficace des travailleurs du commerce et de l'industrie appartient aux plus hauts devoirs des bons patriotes et des hommes humanitaires. Vive la France! Vive Millerand! Vive le travail! — Le président: Émile ZERKOWITZ, Budapest, rue Nagykorona, 24. » (*Applaudissements.*)

Il propose au congrès de s'associer aux remerciements que le bureau fera parvenir en réponse à ces télégrammes. (Adopté.)

M. le **secrétaire général** fait connaître qu'il y a lieu d'ajouter à la liste des sociétés adhérentes au congrès : la Société des voyageurs d'Angers et le Syndicat des représentants et voyageurs de Niort.

Il informe ensuite le congrès qu'il a reçu ce matin l'adhésion de la Chambre de commerce de Lyon.

M. le **président** propose au congrès de procéder à la nomination du bureau définitif.

M. **Marneffe** (Belgique). — Comme président du congrès international des voyageurs de commerce qui s'est tenu en 1897 à Bruxelles, je tiens à féliciter tout spécialement le comité exécutif du congrès du succès qu'il a obtenu et des nombreuses adhésions qui lui sont parvenues de tous les points du monde. Je veux féliciter surtout M. Vervelle, qui a réalisé le désir, exprimé en 1897, de voir réunir à Paris, la Ville-lumière, le congrès international des voyageurs.

J'espère que, fort de l'appui de tous les délégués ici présents, le congrès donnera des résultats. Jusqu'ici, comme vient de le dire parfaitement M. Jamet, les congrès n'ont guère pu qu'émettre des vœux. Évidemment! mais. à force de taper sur un clou, on finit par le faire entrer dans la tête du client. Eh bien! si ce congrès ne donne pas encore de résultats, je vous demande d'en convoquer un autre l'an prochain dans la ville que vous choisirez.

La profession de voyageur de commerce est certainement l'une des plus difficiles et des plus délicates. C'est une position de gentleman. Le voyageur est mal rémunéré : il est rebuté généralement par les compagnies de chemins de fer, — en Belgique nous ne souffrons pas de cet inconvénient. Il faut donc que nous travaillions tous la main dans la main, et nous parviendrons ainsi au but que nous voulons atteindre.

Je vous propose de confirmer les pouvoirs du bureau provisoire et de le rendre bureau définitif ; il a fait ses preuves. (*Applaudissements.*)

M. **Walter** (France). — Mes chers collègues, je monte à cette tribune pour remplir un devoir de reconnaissance envers le bureau d'organisation du congrès. J'estime que nous ne pouvons mieux faire que de renouveler son mandat par acclamation. Ce sera justice : nous reconnaîtrons ainsi la peine que lui a coûtée l'organisation du congrès.

M. **Montalant** (France). — Je tiens également à adresser nos remerciements les plus vifs au bureau provisoire pour le concours dévoué qu'il a apporté à l'organisation du congrès.

M. **Martin** (Lille). — Le règlement porte que nous devons nommer six vice-présidents. Or, nous sommes un congrès international ; nous devons donc donner un certain nombre de vice-présidences aux délégués étrangers. (*Très bien!*)

M. **Jamet**, *secrétaire général*. — Il est de toute justice que nous donnions aux camarades étrangers une marque de sympathie en faisant autant que possible à chaque pays une place dans le bureau. Comme nous avons plus de trois délégués étrangers, nous pourrions désigner trois vice-présidents pour la première séance, trois pour la deuxième et trois pour la troisième; toutes les nations seraient ainsi représentées dans le bureau. (*Très bien!*) Je propose donc que nous nommions neuf vice-présidents étrangers qui s'entendront pour prendre place au bureau, à raison de trois pour chaque séance.

Nous pourrions faire de même pour les secrétaires, c'est-à-dire en nommer neuf qui établiront également un roulement entre eux.

M. **Figeac**. — Aux termes de l'article 6 nous devons nommer d'abord un président d'honneur. M. le Ministre du Commerce me paraît tout naturellement désigné. Aucune des questions de mutualité ne lui est étrangère; de plus, il a bien voulu nous promettre de venir honorer le congrès de sa présence, probablement mercredi. Nous pourrons au besoin lui rappeler sa promesse.

Je me joins à M. Marneffe pour demander que le mandat du comité d'organisation soit renouvelé.

M. **le Président**. — J'ai vu M. Millerand, qui m'a dit

ne pas pouvoir préciser le jour où il viendra, mais qui m'a assuré d'une façon formelle qu'il assisterait à une de nos réunions.

La proposition de M. Figeac, tendant à nommer président d'honneur du congrès M. Millerand, ministre du commerce, de l'industrie, des postes et des télégraphes, est adoptée à l'unanimité moins six voix.

Le congrès adopte ensuite la proposition de MM. Marneffe et Figeac tendant à confirmer les pouvoirs du comité d'organisation qui devient le bureau du congrès.

M. **Jamet**, *secrétaire général.* — Pour la nomination des vice-présidents étrangers, nous pourrions appeler les délégués étrangers par ordre alphabétique.

M. **Kosciusko** (Paris). — Pour procéder avec méthode, nous pourrions appeler chaque nation par ordre alphabétique. Les délégués de chaque nation pourront s'entendre entre eux pour choisir le vice-président qui les représentera dans le bureau. (*Très bien!*)

Il est procédé à l'appel des délégués étrangers par nation.

Sont nommés vice-présidents :

MM. Pilz (Allemagne) ;
Nesbitt (Australie) ;
Pentlar (Autriche) ;
Marneffe (Belgique) ;
Niederlein (États-Unis) ;
Vitale (Italie) ;
Pfeiffer (Luxembourg) ;
Reidar-Dūe (Norvège) ;
Jordi (Suisse) ;

M. **Fleig**. — Nous avons parmi nous des délégués étrangers et des délégués français. J'estime que les étrangers sont suffisamment représentés dans le bureau par neuf vice-présidents. Je demande que les secrétaires qui doivent être adjoints au bureau soient pris parmi les délégués des sociétés françaises ayant adhéré au congrès. (*Très bien!*)

M. **Marneffe**. — Je m'associe de tout cœur à la proposition de M. Fleig, et je crois être ainsi l'interprète de tous les étrangers présents au congrès.

Un membre ayant proposé M. Richard, M. Jamet fait remarquer que M. Richard fait partie de la commission d'organisation.

M. Surée est élu secrétaire.

Un membre. — M. Laran fait partie d'un groupement considérable de voyageurs de la région de Bordeaux. Il accepterait volontiers les fonctions de secrétaire, et un grand nombre de nos collègues sont d'avis de le nommer, bien qu'il soit absent. Tous ceux qui le connaissent ont pu apprécier sa valeur, son concours sera très fructueux pour le congrès.

M. Laran est élu.

MM. Blanche, Bardin, Dureaux, Bonnet, sont successivement proposés. MM. Bardin, Dureaux et Bonnet retirent leur candidature et déclarent se désister en faveur de M. Blanche.

On propose M. Barac-Coindy, qui sera à Paris ce soir, M. Blanche déclare se désister devant ce dernier collègue.

M. **Jamet**. — C'est par un sentiment de pure modestie que M. Blanche refuse les fonctions de secrétaire.

Il a refusé tout d'abord, et il est naturel qu'il hésite à revenir sur son refus. Mais je suis persuadé que nous pouvons lui faire violence, et que nous ferons plaisir à de nombreux camarades en le nommant. (*Très bien!*)

M. Blanche est élu secrétaire.

M. Bardin est élu trésorier-adjoint.

Pour les fonctions de questeurs, sont successivement proposés MM. Bonnet, Vizet, Hellion. MM. Vizet et Hellion déclarent ne pouvoir accepter.

MM. Bonnet et Agneray sont élus questeurs.

M. **le Président**. — Le bureau est constitué.

M. **Marneffe**. — Mes chers collègues, les délégués étrangers me chargent de vous remercier de la marque de sympathie que vous leur avez témoignée en les appelant à faire partie du bureau.

M. **Jamet**. — Il ne faut pas oublier que demain nous travaillons ; nous devons dès ce soir préparer nos travaux. Chaque camarade est prié de se faire inscrire à la section qui lui convient le mieux. Non pas qu'on soit ainsi exclu des autres sections, car un collègue peut, s'il le désire, se faire inscrire dans les trois sections. Mais il faut que ce travail soit organisé dès ce soir et que les sections soient constituées. Je prie donc les camarades de se faire inscrire auprès des secrétaires. Demain la première section commencera ses travaux le matin, sans exclusion des autres.

M. **Koscziusko**. — Citoyennes et citoyens, camarades de France et de tous les pays et vous tous, mes chers collègues, je vous apporte le salut cordial et fraternel du groupe socialiste des voyageurs et représentants de commerce de France, dont j'ai l'honneur d'être l'un des fondateurs avec notre camarade Léger et le citoyen Pacot, ici présents.

Vous avez vu l'accueil cordial que nous avons fait aux camarades étrangers. Cela démontre une fois de plus que les voyageurs de commerce, qui sont des travailleurs, se sont réunis pour s'entendre et se comprendre. Car nous sommes faits pour travailler et non pour lutter les uns contre les autres, les humains sont faits pour s'entr'aider et non pour s'entretuer.

C'est la meilleure preuve qu'il ne s'agit que de s'expliquer pour arriver à se comprendre. C'est pourquoi, camarades étrangers, nous sommes heureux de vous retrouver ici, car nous, les socialistes, nous sommes des internationalistes et nous saluons la fraternité des travailleurs.

Vive l'Internationale des travailleurs! vive l'émancipation des travailleurs par les travailleurs eux-mêmes!

M. **Figeac**. — Avant de clore la séance, je serais heureux que le congrès voulût bien adresser son salut et ses souhaits aux grands organisateurs de cette réunion, et qu'il voulût bien leur témoigner ses remerciements. Vivent les travaux du congrès! Vive la République!

La séance est levée à 4 heures vingt minutes.

DEUXIÈME SÉANCE

LUNDI 9 JUILLET 1900

Présidence de M. **Brochard**, vice-président.

Vice-présidents : MM. **Pilz** (Allemagne), **Pentlar** (Autriche), **Reidar-Düe** (Norvège).

Secrétaire : M. **Roger**.

Télégrammes et adresses de sympathie (Allemagne, Autriche, Italie, Belgique). — Rapport de M. Jamet sur la première question : « Situation morale et matérielle des voyageurs et des représentants de commerce en France et à l'étranger. » Discussion générale (MM. Justau, Roche, Pacot, Schnerb, Kosciusko, Léger, Hellion, Walter, Jamet) — Discussion et vote sur les différents vœux proposés (MM. Hellion, Roche, Marneffe, Schnerb, Walter, Roger, Lenormand, Richard, Jamet, Nadal, Vizet, Cillié, Rousset, Sergent, Kosciusko). — Projet de fédération nationale et internationale. Création de la fédération internationale.

La séance est ouverte à trois heures.

M. **le Président**. — Je dois à une circonstance toute particulière d'être appelé à l'honneur de présider cette séance. Notre président, M. Vervelle, est empêché par un deuil de famille et m'en a informé par une lettre. Je ne m'attendais pas à cet honneur et vous demande toute votre bienveillance et toute votre confiance.

Sur la proposition d'un des membres du congrès, l'assemblée envoie ses condoléances à son président, M. Vervelle.

M. **Kaufman.** — Je désire traduire une allocution qui nous est adressée par le délégué allemand.

Messieurs et chers collègues, j'ai le plaisir de vous adresser les plus sincères salutations de la Société des voyageurs d'Allemagne, composée de 12.000 voyageurs. C'est aux voyageurs qu'appartient le monde. Sur tous les points du globe, nous combattons avec les armes de la paix pour nos patries respectives. Nous sommes tous d'accord sur ce point, et nous voulons être les propagateurs de l'organisation commerciale et de la paix. Les voyageurs d'Allemagne sont heureux de le dire à tous leurs collègues : l'avenir est aux voyageurs de commerce. (*Applaudissements.*)

M. **Pentlar.** — Je vous apporte les saluts les plus amicaux de vos collègues d'Autriche et surtout de la corporation que j'ai l'honneur de représenter au congrès. Nous espérons que les relations de tous les voyageurs seront multipliées et donneront ainsi un gage au progrès de l'humanité. (*Applaudissements.*)

M. **le Président** communique au congrès une lettre du représentant des voyageurs de Milan, qui regrette de ne pouvoir assister au congrès.

Le congrès adresse aux camarades de Milan ses regrets et ses souhaits de bonne camaraderie et d'amitié.

M. **Jamet** communique au congrès un télégramme du journal « *Il Viaggiatore* » de Turin, qui est le moniteur des sociétés d'Italie.

La Société des voyageurs de Turin envoie également un télégramme de M. Miniggio, son président. Il est ainsi conçu :

« Torino. — Ma société envoie aux congressistes fraternel salut, souhaitant résultat splendide. — MINIGGIO. »

M. **Jamet** propose à l'assemblée de répondre à ces télégrammes en adressant aux camarades étrangers les meilleurs vœux du congrès. (Adopté.)

M. **Crespel.** — Comme président de la société générale des voyageurs de commerce de Belgique, j'ai le devoir de vous présenter, au nom de tous nos camarades, nos vœux les plus sincères pour la réussite du congrès. Nous sommes venus parmi vous avec la certitude de pouvoir dire toute notre façon de penser, et nous savons qu'abrités sous les plis du drapeau de la République, c'est-à-dire sous les plis du drapeau de la liberté, nous le pourrons. Nous espérons que nos desiderata seront examinés par les pouvoirs publics, nous avons confiance dans l'avenir, et nous vous adressons notre salut confraternel. (*Applaudissements.*)

M. **Roger**, secrétaire de la 1re section, donne lecture du rapport sur les travaux de la 1re section.

M. **Jamet.** — Mes chers collègues, sur le premier paragraphe : « Situation morale et matérielle des voyageurs et représentants de commerce en France et à l'étranger », le comité d'organisation avait manifesté le désir que je fisse un rapport. Ce rapport, s'il pouvait être fait, serait le résumé complet de tous les travaux du congrès, et nous pourrions être entraînés fort loin si nous voulions examiner la question dans tous ses détails. Je me contenterai donc d'un simple exposé.

La situation morale du voyageur de commerce dépend surtout de sa situation matérielle ; chacun de vous a dû le ressentir plus d'une fois. Il est certain que, lorsque le moral est affecté, les affaires s'en ressentent fatalement. Si vous avez des ennuis intimes, des soucis d'argent, des difficultés matérielles, vos affaires en souffriront. Donc la situation morale dépend de la situation matérielle.

Celle-ci dépend à son tour de mille et une causes dans le détail desquelles je ne veux pas entrer. Je veux seulement insister sur un point qui intéresse les voyageurs de commerce. Les maisons de commerce prennent l'habitude — ou plutôt cherchent à prendre l'habitude — de faire voyager à la commission. On le comprend. Les maisons assises ont vu se créer à côté d'elles de nouvelles maisons qui leur ont fait une terrible concurrence et qui ont fait baisser leur chiffre d'affaires. Les maisons assises, croyant trouver un palliatif, ont tout de suite cherché à diminuer les frais généraux. Les frais généraux, dans une maison de commerce, se composent de la main d'œuvre et de la vente. La main d'œuvre, il est bien difficile de la diminuer, d'autant plus que les ouvriers et employés ne s'y prêteraient guère, au contraire. Les maisons de commerce ont donc cru pouvoir diminuer les frais généraux en diminuant les appointements et les frais de voyage des voyageurs. Ce n'est peut-être pas très logique, et c'est même une idée fausse. Si les maisons de commerce enlèvent aux voyageurs le moyen de faire des affaires, en ne leur assurant pas une vie matérielle suffisante pour leur donner la force morale dont ils ont besoin, si elles leur créent des soucis d'argent continuels, il est bien certain que les affaires s'en ressentiront. C'est un raisonnement faux que celui qui consiste à croire qu'en diminuant les frais généraux sur le dos des voyageurs la maison fera des bénéfices.

Nous avons l'adhésion des Chambres de commerce de Paris, d'Angers, de Lyon, de la Chambre consultative de Saint-Dié. Comme, dans les congrès, du contact des hommes doit sortir une connaissance plus approfondie des intérêts de chacun, nous serions heureux que les représentants de ces Chambres de commerce fissent comprendre à leurs collègues que c'est un faux raisonnement que de faire voyager le voyageur de commerce à la commission pour faire des économies. Le seul moyen de faire des affaires, c'est d'assurer le matin, au voyageur qui part, le porte-monnaie garni, pour qu'il n'ait pas à se demander s'il mangera à midi. (*Très bien!*)

Mais cette situation matérielle que n'assurent pas les maisons de commerce, les sociétés que vous avez fondées ont créé des œuvres humanitaires et utilitaires pour y pourvoir. Le congrès a précisément pour but d'appuyer les efforts faits par chacune de ces sociétés individuellement. Il faut donc espérer qu'il en sortira une amélioration matérielle et par conséquent morale de la situation des voyageurs et représentants de commerce. (*Très bien! — Applaudissements.*)

M. **Justau.** — Je suis chargé d'excuser M. Dominique Delahaye, président de la Chambre de commerce d'Angers, qui a donné son adhésion au congrès et qui, à son grand regret, ne peut y assister

Pour ajouter un mot aux explications de M. Jamet, je désire faire remarquer que, tout au moins dans notre département, la Chambre de commerce s'occupe plutôt des intérêts du commerce et de l'industrie en général, sans s'occuper de la situation matérielle des voyageurs et représentants de commerce. Il serait donc bon de formuler le vœu que, dans un avenir aussi prochain que possible, les Chambres de commerce voulussent bien, en dehors des intérêts généraux du commerce et de l'industrie, s'occuper de la situation matérielle des voyageurs et représentants de commerce.

Je dépose une proposition de vœu en ce sens.

M. **Roche**.— Nous nous occupons en ce moment de la première question : « Situation morale et matérielle des voyageurs et représentants de commerce ». Notre assemblée de section a très justement approuvé les vœux présentés par notre honorable collègue de Belgique, M. Crespel, concernant le contrat écrit, concernant le ducroire et la suppression des clauses draconiennes dans les contrats. Mais il est une question que je n'ai pas voulu agiter en séance de section et qui me paraît se rattacher intimement à celle que nous traitons ; je l'ai réservée pour la séance générale ; c'est celle-ci : les voyageurs de commerce continueront-ils à exister, ou leur disparition s'impose-t-elle à bref délai ? Je vais donner quelques extraits d'un rapport que j'ai présenté sur cette question.

« Personne n'ignore la transformation commerciale qui se produit. L'exploitation des commerçants en gros s'affirme de plus en plus : 1° par les grands magasins faisant soi-disant le détail ; 2° par les coopératives ; 3° par les économats ; 4° par l'installation d'un grand bazar dans chacune des villes de France ; 5° par la création de syndicats du genre de celui qui vient d'être installé à Bourges, avec siège social à Paris, tendant à recruter une maison dans chaque commune importante afin de grouper les achats de la commune et de se rendre ensuite directement en fabrique.

Les grands établissements défendent leurs intérêts comme ils l'entendent ; nul ne saurait les en blâmer ; mais défendons aussi les nôtres. « Ce syndicat, m'écrit-on, va provoquer l'éclosion de multiples syndicats : il y aura celui du papier, de l'alimentation, des vins, des cotons, des laines, des draps, etc. Si nous ne réagissons pas, continue mon correspondant, c'en est fait de la profession de voyageur de commerce. »

Je crois que mon aimable correspondant voit un peu la situation en noir, mais il est bon, n'est-ce pas, d'en parler dans un congrès. Les grands magasins de nouveautés parisiens surtout sont arrivés à vendre de tout ; ils font véritablement le gros ; il en est même qui sont devenus producteurs en confectionnant eux-mêmes de la lingerie, par exemple ; ils établissent des succursales de tous les côtés ; ils ont de puissants capitaux à leur disposition ; ils groupent les achats ; les bénéfices se centralisent, et tout est entraîné vers la capitale au détriment de la province. (*Applaudissements.*)

Les économats payent en jetons et obligent à faire les achats dans les usines.

La question n'est pas nouvelle au point de vue des petits commerçants, qui ont depuis longtemps ouvert une campagne sous l'inspiration de MM. Christophle et Berry, qui sont leurs fidèles défenseurs. Ils demandent de nouvelles impositions, des patentes spéciales pour chaque catégorie d'articles mis en vente. Je souhaite de tout mon cœur qu'ils réussissent : leurs intérêts sont absolument connexes avec les nôtres ; mais je ne veux envisager la difficulté qu'au point de vue des voyageurs et représentants de commerce. Évidemment, nous devons faire cause commune avec les petits commerçants, mais les remèdes qu'ils préconisent sous forme d'impositions nouvelles et spéciales sont-ils suffisants ? A mon sens, ce n'est qu'un palliatif, et il reste à trouver un moyen véritablement radical.

Parlerons-nous, messieurs, d'un immense pétitionnement

à ce sujet près des pouvoirs publics? Les pétitions, vous le savez, sont le plus souvent classées dans les cartons. Cherchons, si vous le voulez bien, quelque chose de pratique. Pour cela, il s'agira, à mon humble avis, de demontrer aux industriels et aux producteurs qu'ils doivent protéger et défendre les voyageurs de commerce, et qu'ils y sont intéressés au plus haut degré. Si les syndicats du genre de celui dont nous parlions plus haut, ou les grands magasins s'implantent sur notre sol et se généralisent, et si les producteurs consentent à leur vendre directement, le moment ne tardera pas à arriver, où il feront la hausse et la baisse, où ils imposeront un prix aux industriels, qui seront à leur merci. En second lieu, les producteurs ne connaîtront plus leurs clients, disséminés partout sur l'étendue du territoire; ils ne connaîtront plus alors que le syndicat ou le grand magasin, ils n'auront plus de clientèle à proprement parler, jusqu'au jour où le syndicat ou société quelconque à la tête du grand magasin deviendront eux-mêmes producteurs. Enfin ces syndicats ou ces grands magasins achètent toujours au plus bas prix, tandis que les voyageurs de commerce maintiennent les prix: ils y trouvent leur avantage, qu'ils soient à traitement fixe ou à la commission, au point de vue des résultats de leur maison ou de leur propre chiffre d'affaires.

Ces simples raisons, brièvement exposées — et il y en a bien d'autres - ne paraissent-elles pas suffisantes pour ouvrir les yeux des industriels producteurs ?

Mais, ceci dit et démontré, il ne suffit pas d'un raisonnement, quelque juste qu'il soit, et c'est ici que j'en reviens au sujet qui nous occupe. Il faut savoir imposer notre volonté. Comment, et que faire pour y arriver ? Et vous allez voir que j'en reviens toujours à mon dada. Il faut que les voyageurs de commerce puissent traiter d'égal à égal avec les producteurs qui sont déjà à moitié gagnés à notre cause, puisque c'est leur intérêt. Il faut que les individualités disparaissent, et que les représentants des deux corporations, voyageurs et industriels, puissent s'aboucher et former ensemble un traité et une ligue défensive, les industriels s'engageant, par une convention renouvelable, par exemple, à ne pas se passer d'intermédiaires pendant tel délai.

Tenons bon. Nous avons le petit commerce et le moyen commerce avec nous. Mais, pour ce faire, il faut que nous soyons fédérés. »

J'ai déjà eu l'honneur de déposer un rapport en ce sens, je n'y reviendrai pas. Et je terminais mon petit rapport par ces mots :

« Groupons-nous, et demain, à l'heure du congrès international des voyageurs de commerce, faisons entendre notre puissante voix. »

Telle est la question que je me permets de greffer sur le premier article de notre programme. C'est un argument de plus — et c'est pour cela uniquement que je tenais à le donner — en faveur de la création des fédérations nationale et internationale, sur laquelle nous reviendrons tout à l'heure. (*Applaudissements.*)

M. **Pacot.**— J'ai été frappé d'une observation qui a été faite relativement aux Chambres de commerce et je propose qu'on envoie le compte rendu *in-extenso* de nos séances à toutes les Chambres de commerce de France en en recommandant la lecture à leur bienveillante attention. (*Très bien!*)

M. **Schnerb.**— Je désire donner lecture d'une nouvelle loi appliquée en Allemagne depuis le 1er janvier 1900. L'honorable délégué allemand, avec qui je viens d'avoir un entretien, me dit que le résultat de cette loi est très satisfaisant pour les voyageurs à la commission et les représentants, quoiqu'ils aient demandé davantage.

Voici cette loi :

Code commercial.

Septième partie : Agents commerciaux.

§ 84.— Celui qui, sans être engagé comme employé, est chargé d'une façon permanente de négocier des affaires pour le compte d'autrui ou de les conclure au nom d'autrui, est tenu de prendre l'intérêt de son mandant avec toute l'attention d'un vrai commerçant.

(Ceci s'applique aux voyageurs à la commission comme aux représentants. Les voyageurs appointés sont considérés comme des employés).

Il est tenu de renseigner le mandant, notamment de l'informer sans retard de chaque affaire conclue

§ 85.— Lorsqu'un agent commercial, chargé seulement de la négociation des affaires, a conclu une affaire au nom du mandant avec un tiers, cette affaire est considérée comme acceptée par le mandant si celui-ci, immédiatement après en avoir reçu connaissance, n'a pas averti le tiers qu'il refusait l'affaire.

§ 86. — L'agent n'est autorisé à recevoir des paiements ou à accorder des renouvellements que s'il a reçu un mandat spécial à cet effet.

L'avis de défaut d'une marchandise ou de mise à la disposition du vendeur, de même que d'autres avis de ce genre, peuvent être donnés à l'agent.

§ 87.— Lorsque l'agent commercial fait fonction de voyageur de commerce, les prescriptions de l'article 55 lui sont applicables.

§ 88.— Sauf convention contraire quant à la rétribution de l'agent, il lui est dû une commission pour chaque affaire exécutée ou amenée par son activité.

Si l'action de l'agent consiste dans la négociation ou conclusion de ventes, il n'a droit à la provision qu'après rentrée des paiements et en proportion du montant encaissé.

Si l'exécution d'une affaire n'a pas eu lieu, soit en totalité, soit en partie, par le fait du mandant, sans motifs sérieux relatifs au tiers avec lequel l'affaire a été conclue, l'agent a droit à sa commission entière. (*Très bien!*)

Si le taux de commission n'est pas fixé, c'est la commission d'usage qui est due.

Le compte de commission est établi, sauf convention contraire, le 30 juin et le 31 décembre de chaque année.

§ 89. — Si l'agent a un rayon d'action nettement déterminé, la commission lui est due aussi sur les affaires qui ont été traitées dans son rayon sans son intervention par ou pour le commettant. (*Très bien!*)

§ 90. — L'agent ne peut exiger le remboursement de ses frais ou débours sans convention expresse ou usage constant.

§ 91. — L'agent peut, lors du règlement de compte, exiger un extrait des livres concernant les affaires amenées par lui. Le même droit lui est acquis pour les affaires sur lesquelles la commission lui est due d'après l'art. 89.

§ 92. — Lorsque les conventions sont faites pour une durée indéterminée, elles peuvent être dénoncées par chaque partie, sous préavis de six semaines, pour la fin de chaque trimestre régulier (c'est-à-dire le 31 mars, le 30 juin, le 30 septembre et le 31 décembre).

Le contrat peut être dénoncé par chaque partie sans préavis lorsqu'il y a un motif grave.

C'est tout ce qu'il y a dans la loi Nous n'avons rien de semblable en France.

Je demande que nous émettions le vœu que les pouvoirs publics, dans les pays où il n'existe rien de semblable, votent une loi de ce genre. Notre Code de commerce renferme une grave omission, qui d'ailleurs est toute naturelle : les voyageurs à la commission n'existent que depuis quelques années, les représentants de commerce se sont développés ; or, le Code de commerce a été rédigé à une époque où il n'y avait que des voyageurs appointés. Il y a donc un changement considérable à apporter à la législation, et il me semble désirable que nous émettions ce vœu. (*Applaudissements.*)

M. **Kosczíusko.** — J'ai écouté le rapport de M. Roche sur la situation morale et matérielle des voyageurs de commerce. J'y ai en vain cherché un remède qui m'apparût vraiment pratique. Il a conclu à la fédération nationale des voyageurs et représentants de commerce. Nous autres, délégués du groupe socialiste des voyageurs et représentants de commerce, nous sommes tout disposés à admettre toutes les améliorations, en attendant la réalisation de l'idéal social que nous rêvons. Est-ce à dire que nous soyons partisans de cette sorte de cautère sur une jambe de bois qu'est la fédération nationale ? Non. Vous savez tous que la situation morale et matérielle des voyageurs et représentants de commerce n'est que la résultante de la suprématie du capital, qui profite de ses privilèges pour exploiter celui qui n'a pas été favorisé par le hasard ou la naissance et qui souvent est supérieur par l'intelligence à celui qui l'emploie.

Il faut bien le comprendre, les voyageurs et même les représentants de commerce sont, comme les intermédiaires commerciaux, appelés à disparaître peu à peu. Ils ne disparaîtront pas d'un seul coup, pas plus que le régime social que nous préconisons ne succèdera du jour au lendemain au régime capitaliste. Je crois donc pouvoir le dire brutalement et franchement : nous autres, voyageurs de commerce, nous sommes appelés à disparaître en tant qu'intermédiaires. Et voici pourquoi : les gros mangeront les petits, les gros capitalistes mangeront les petits commerçants. Vous êtes à même de le constater : partout où se monte un grand bazar, une grande épicerie, le gros commerçant arrive à acheter au centre et, quand il achète ainsi, le voyageur ne fait plus d'affaires, le placier est supprimé. C'est un fait indéniable.

Les cas particuliers ne prouvent rien ; cependant, quand on veut faire saisir sa pensée, il n'est pas mauvais de donner des exemples. Je puis vous en citer. Les fabricants de poupées, sentant qu'ils étaient en quelque sorte les esclaves de ces grands bazars, se sont syndiqués, ils ont formé ce qu'on appelle un « trust », c'est-à-dire un syndicat de fabricants. Ils ont senti que les grands bazars, qui étaient arrivés à monopoliser les achats de cette fabrication de poupées, les mettaient en concurrence les uns avec les autres et qu'en fin de compte ils allaient se ruiner. Alors le bébé Jumeau, le bébé Mignon, le bébé Charmant, tous les fabricants de ces sortes de jouets se sont syndiqués. Mais, au lieu d'avoir le même nombre de voyageurs qu'autrefois, maintenant qu'ils sont réunis en société, ils ont dans deux ou trois régions, deux voyageurs qui voyagent ensemble, l'un pour prendre les commissions, l'autre pour les marquer.

Vous le voyez, mes chers collègues, par suite de la force du capital, par la réunion de ces syndicats, vous êtes appelés à disparaître dans un délai déterminé.

M. **Hellion**. — Quel remède proposez-vous ?

M. **Kosciusko**. — Nous allons y arriver.

Je ne connais pas le chiffre total des voyageurs de commerce en France. Il y en a peut-être 100.000, peut-être davantage, peut-être moins, je n'ai pas de documents précis sur ce point. Mais prenons comme base de notre raisonnement le chiffre de 100.000. Vous devez reconnaître que, par suite de l'évolution, de la facilité, de plus en plus grande, des transports, ce chiffre diminuera peu à peu et descendra d'abord à 80.000, puis à 60.000, et ainsi de suite.

Est-ce à dire que vous serez supprimés tous? Non. Vous serez supprimés par ces agglomérations de capitaux, par les sociétés coopératives, qui viennent également faire concurrence aux petits commerçants, et qui sont des centres d'achats dans lesquels les voyageurs sont des intermédiaires inutiles. Je sais qu'il y a des voyageurs qui font des affaires avec les sociétés coopératives, qui retrouvent, avec elles, la différence du chiffre d'affaires qu'ils ne font plus avec les petits commerçants. Tous ces grands bazars, ces Félix Potin, ces Belle Jardinière feront de plus en plus d'affaires, et exproprieront insensiblement les petits commerçants.

Je ne crois donc pas faire de politique en disant qu'on ne peut nier la puissance du capital, et que les gros mangeront les petits.

Plusieurs membres. — Il en a toujours été ainsi.

M. **Kosczíusko**. — Je le reconnais avec vous. Mais je vais vous dire ce qu'il faudra faire. Quand les petits auront été mangés par les gros, ils viendront renforcer l'armée des mécontents, ils se joindront à nous, socialistes, parce qu'ils auront reconnu que l'organisation actuelle, basée sur la puissance du capital, est contraire à l'esprit de civilisation et de progrès, et que ce n'est pas la peine d'avoir fait la Révolution de 1789 et d'avoir supprimé les privilèges de la naissance pour les remplacer par ceux de la fortune.

Plusieurs membres. — A la question !

M. **Kosciusko.** — Si vous considérez que c'est de la politique que de constater la puissance du capital et d'estimer que c'est une chose mauvaise, je n'ai plus rien à dire. Vous reconnaissez que la situation morale et matérielle des voyageurs n'est que la résultante de cette puissance capitaliste, et vous ne voulez pas me laisser parler des causes et des effets de cette puissance,

Je conclus. Un camarade me dit que nous ne connaissons pas le remède. C'est bien fâcheux, il est défendu de parler politique.

On parle d'imposer par articles les grands magasins et les grands bazars. Mais, quand vous leur aurez imposé quelques milliers ou quelques centaines de mille francs, vous aurez, comme je le disais, mis un cautère sur une jambe de bois, parce qu'avec les énormes bénéfices qu'ils font, cela ne les empêchera pas de manger les petits commerçants.

Un membre. — Donnez-nous le remède.

M. **Kosciusco.** — Le remède, c'est la suppression du patronat par le régime socialiste collectiviste. (*Interruptions*). Parfaitement ! Étudiez la question, elle en vaut la peine. Je ne connais pas d'autre remède. Sinon, vous en serez toujours au même point, et, au lieu d'avoir les petits commerçants heureux d'autrefois, vous aurez de grandes casernes de plus en plus grandes, dans lesquelles vous ne serez que des soldats employés. Vous comprendrez qu'il y a autre chose à trouver, et qu'en admettant qu'il existe de grandes casernes, il vaut mieux qu'au lieu de profiter à quelques actionnaires, elles profitent à tous, c'est-à-dire à la communauté. C'est là seulement qu'est le remède.

M. **Roche**. — Notre collègue constate avec moi l'existence du mal, mais il ne trouve pas de remède, ou plutôt il en a trouvé un, qu'il nous a indiqué. L'existence du mal, nous la connaissons tous.

Cette question, qui n'est pas tout à fait de ma compétence, m'a été suggérée par certains d'entre vous qui sont de la partie et qui habitent soit Paris, soit Lyon, soit Bordeaux, et qui m'ont demandé de faire un rapport parce qu'ils n'avaient pas l'indépendance nécessaire pour parler des grands magasins. J'ai accepté, croyant rendre service à la corporation *(Très bien!)*, et, étudiant cette question comme on étudie un dossier, j'ai cherché les remèdes à la situation que je vous ai signalée. Je vous avouerai que je n'en ai pas trouvé, sinon celui que je vous ai présenté. Si vous en trouvez un meilleur, je serai bien heureux que vous me l'indiquiez. J'ai dit que je ne croyais pas à l'efficacité de la patente sur les grands magasins ; je vous ai dit : essayons de traiter d'égal à égal avec les industriels, ceux que l'honorable M. Kosciusko appelait les gros, et pour cela, que faut-il faire ? il faut nous grossir, et, pour nous grossir, il faut faire comme les fabricants de poupées dont notre collègue nous a parlé, il faut nous grouper. C'est pourquoi je vous ai proposé purement et simplement la constitution de la fédération.

M. Kosciusko vous a proposé un changement de régime politique.....

M. **Kosciusko**. — De régime économique.

M. **Roche.** — Permettez-moi de vous dire que je ne crois pas devoir vous suivre sur ce terrain. Toutes les opinions politiques et religieuses sont éminemment respectables, mais je ne pense pas que, dans un congrès de voyageurs de commerce, nous soyons appelés à discuter cette question. Nous sommes incompétents sur cette matière, et je me permettrai de ne pas répondre. (*Très bien!*)

M. **Léger.** — Bien que complètement opposés aux appréciations de M. Roche, nous n'en devons pas moins le remercier d'avoir élevé le débat. Nous n'avons pour ainsi dire traité en commission que des questions personnelles. M. Roche a élevé le débat en se demandant si le voyageur de commerce existera toujours en tant que fonction sociale. Nous irons plus loin, nous nous demanderons si le voyageur de commerce a toujours existé. Nous discutons ici nos intérêts professionnels : nous ferons tous nos efforts pour nous maintenir, mais nous pouvons nous demander, dans ce congrès, quel est le rôle social du voyageur ; nous ne nous occupons pas de son rôle individuel.

Le voyageur n'a pas toujours existé, il n'existe que depuis que les moyens de transport se sont développés, que la production est devenue plus intense et qu'il a fallu des représentants en plus grand nombre ; pourquoi existerait-il toujours ? Les cochers de fiacre et les conducteurs de diligences pourraient-ils se réunir en congrès et nier le progrès amené par les chemins de fer ? C'est absolument la même chose.

Notre ami Kosciusko a accepté la discussion et apporté une solution, l'avènement de la société collectiviste. Il vous l'a dit : nous pouvons et nous devons défendre nos intérêts professionnels tant que nous pouvons, mais cela ne veut pas dire que notre profession soit perpétuelle. Nous voterons avec vous, nous ferons tout ce que nous pourrons pour l'amélioration de notre situation en tant que voyageurs, mais nous tenons à vous démontrer que ce n'est pas par une fédération de voyageurs et d'employés qu'on peut arriver à lutter contre les fédérations d'employeurs. C'est la marche même des choses qui amènera le résultat. Contre votre fédération d'employés et de voyageurs se dressera la fédération des employeurs et il y aura des conflits. Est-ce là une solution ?

Celle à laquelle il faut arriver, c'est que ces moyens de production que vous mettez en valeur soient votre propriété, aussi bien comme producteurs que comme intermédiaires. Car il n'est pas dit qu'en régime socialiste il n'y aura plus d'intermédiaires. Il y aura des intermédiaires, mais non plus des intermédiaires inutiles, qui, par une commision exagérée, comme les petits commerçants, viennent grever la marchandise et en élever le prix. Il y aura une transformation dans les rapports d'individu à individu, de consommateur à producteur. Aussi, lorsque nous parlons du socialisme, nous ne faisons pas de politique, nous parlons seulement d'un régime économique nouveau, qu'il est nécessaire d'instituer.

M. **Hellion**. — Nous sommes un peu sortis du sujet qui nous occupe ; je vais y revenir et je serai aussi bref que possible.

Tout à l'heure on disait : voici le mal, mais où est le remède? Je vais essayer d'en apporter un. (*Très bien !*)

La question n'est pas nouvelle ; elle est déjà venue en

1889 et 1890, elle est posée depuis longtemps. Si nous ne sommes pas encore arrivés à une conclusion, c'est que la question est plus difficile qu'on ne le suppose. Nous avons affaire à un Goliath, les grands magasins dont on parlait tout à l'heure, devant lesquels les petits commerçants ne sont actuellement que des pygmées. Que doivent faire les commerçants? Ils doivent se grouper et se jeter sur le Goliath et je vais indiquer un moyen de le faire.

On a reconnu que la fabrique était lésée et exploitée par les grands magasins. Notre collègue Kosciusko a d'excellentes idées, qu'il exprime d'une façon un peu vive, mais qu'il est bon cependant de connaître et d'entendre. Nos paroles dépasseront l'enceinte du congrès, et il faut que tout le monde sache ce qui se dit ici. Ces commerçants qui se trouvent lésés doivent faire cause commune avec les fabricants. Tous les commerçants d'une localité qui vendent le même produit doivent se syndiquer, doivent s'entendre avec les fabricants avec lesquels ils sont en rapports, et leur dire : vous faites des affaires avec les grands magasins et vous nous faites concurrence, mais dans telle ville nous sommes groupés, vous choisirez entre nous et les grands magasins. — Que feront les fabricants? Il en est qui iront aux grands magasins, parce que les affaires leur paraîtront plus faciles; mais, s'ils sont lésés, comme ils ne sont pas toujours sûrs de pouvoir tenir les grands magasins, ils y réfléchiront à deux fois.

M. **Walter**. — Je voudrais essayer d'apporter à mon tour un remède aux maux dont souffrent les voyageurs. Il s'agit de savoir où les grands magasins, dont nous parlions tout à l'heure, achètent leurs marchandises. Il y a, dans presque tous les pays, une certaine corporation que je puis appeler corporation religieuse, qui a institué des ouvroirs dans lesquels des jeunes filles et même des petites filles travaillent 12, 14 et même 16 heures par jour sans être payées, ou du moins sans recevoir un salaire normal. Ces marchandises, produites ainsi par ces jeunes filles avec une main d'œuvre peu ou pas rétribuée, sont faciles à vendre. Ces ouvroirs n'emploient jamais de voyageurs pour aller visiter les petits commerçants. Ils s'adressent directement aux grands magasins de nouveautés. Je puis vous citer en particulier un ouvroir, situé rue Jenner, dans lequel des jeunes filles travaillent 14 et 15 heures par jour sans salaire. On y fait des mouchoirs, des chemises, qui sont vendues au Bon Marché et à vil prix. Ces ouvroirs font ainsi du tort aux fabricants, et conséquemment aux ouvriers, ensuite aux représentants, puisqu'ils n'en ont pas, et enfin au petit commerce.

Je formule donc le vœu que le gouvernement soit invité à fermer ces ouvroirs, qui font un tort considérable aux petits producteurs, aux représentants, aux voyageurs et aux petits commerçants. Nous aurons ainsi non seulement rempli un devoir professionnel, mais aussi un acte d'humanité.

Un membre. — Et les prisons ?

M. **Walter.** — J'ajouterai volontiers les prisons.

M. **le Président.** — On a parlé de la question de l'entente entre les maisons industrielles et les maisons de détail. Je remets à M. Jamet une circulaire qui nous est parvenue et qui a pour but de réaliser cette entente. Je demande à M. Jamet de lire le paragraphe : *Constitution de la Société.* Le congrès appréciera.

M. Jamet. — Syndicat général des négociants français en détail. — Siège social à Bourges. — Labbé-Montigny.

Constitution. — Il est formé entre les soussignés et ceux qui y adhèreront un syndicat ou association professionnelle régi par la loi du 21 mars 1884. Cette association prend le titre de Syndicat général des négociants français en détail. Son siège social est à Paris.

But. — Il a pour but : 1° de grouper et centraliser nos achats, tout en laissant à chacun la liberté absolue de ses achats et de ses quantités, par les moyens pratiques et les combinaisons arrêtés au congrès ; 2° de servir d'intermédiaire pour les achats et de faciliter l'écoulement des articles qui sont de vente dans une contrée et qui ne le sont pas dans une autre ; 3° de servir d'office de renseignements et de recherches pour tous les besoins des syndiqués, ainsi que d'échange et de réassortiment ; 4° de créer des agences d'achats et de renseignements...

M. le Président. — Vous le voyez, ce groupement ne tend à rien de moins qu'à la suppression des voyageurs.

M. Hellion. — Ce n'est pas ma proposition, il ne faut pas se méprendre, et je proteste absolument contre tout rapprochement.

M. Jamet. — Tout à l'heure on disait : « Mais vous n'apportez pas de remède. » — Mais si ! on en apporte. Malgré la diversité des tempéraments, nous sommes tous réunis ici pour arriver à l'amélioration de la situation morale et matérielle des voyageurs de commerce ; chacun exprime ses idées à sa façon, mais nous avons tous en vue l'amélioration de la situation d'une catégorie de travailleurs qui est très intéressante.

Notre collègue Koseziusko ne voit qu'un remède : le changement de régime écomique. Il n'est personne ici qui ne sente combien il a raison ; mais, comme nous ne sommes pas encore parvenus à réaliser ce changement, nous devons trouver des remèdes qui s'appliquent dans le régime social actuel. Nos sociétés de secours mutuels, nos syndicats, n'apporteraient-ils qu'une obole à l'amélioration que nous poursuivons, ce serait un pas vers cet idéal social que demande notre collègue Kosciusko, et qui arrivera par la force des choses, — car on ne peut arrêter le progrès.

En réalité, ce premier paragraphe, « Situation morale et matérielle des voyageurs et représentants de commerce », ne comporte aucune sanction, parce qu'il les comporte toutes. Chacun s'est expliqué sur cette situation ; il serait pratique dès lors de procéder aux sanctions et de passer à la discussion des vœux proposés, qui sont justement la sanction logique du débat. Je crois qu'il serait bon, en conséquence, de clore la discussion sur ce premier point.

La discussion est close.

M. **le Président**. — Voici la proposition de vœu déposée par M. Hellion :

« Le congrès émet le vœu que, dans l'intérêt de la corporation des voyageurs et représentants de commerce, les commerçants de détail de Paris et de la province s'entendent avec leurs maisons de production pour faire échec aux grands magasins, appelés grands bazars. »

Rejeté.

M. **le Président**. — Voici le vœu proposé par M. Roche :

« Le congrès est d'avis de préconiser le plus possible les groupements, les syndicats, et notamment les fédérations, pour améliorer la situation morale et matérielle des voyageurs. »

M. **Marneffe**. — Je demande qu'on ajoute aux mots « groupements et syndicats », les mots « de voyageurs de commerce ». Nous ne sommes pas ici pour former des syndicats de négociants.

M. le **Président**. — On a demandé la priorité pour la proposition de M. Roche.

Adopté avec l'addition de M. Marneffe.

M. le **Président**. — Voici les autres vœux :

Vœu présenté par le groupe des voyageurs socialistes :

« Considérant que le malaise dont souffrent les voyageurs de commerce a les mêmes causes que celui des travailleurs manuels, le congrès émet le vœu que l'ordre économique socialiste arrive le plus tôt possible pour que les moyens de production soient aux mains des travailleurs. »

Rejeté.

Proposition de M. Schnerb :

« Le congrès émet le vœu que les législateurs votent une loi spéciale semblable à celle qui existe en Allemagne et qui régit les conventions des agents commerciaux avec leurs commettants. »

Adopté à l'unanimité.

Vœu présenté par M. Walter :

« Considérant que les marchandises qui sont fabriquées dans les ouvroirs et les prisons sont achetées directement par les grandes maisons et que cet état de choses est très préjudiciable, non seulement aux voyageurs et représentants de commerce, mais aussi et surtout aux maisons de production, le congrès émet le vœu que le gouvernement soit invité à interdire à ces prisons et ouvroirs de fabriquer ou de vendre directement leurs produits. »

Adopté, avec l'addition suivante proposée par M. Bonnet :

« ... Ou qu'alors, si les prisons font travailler les malheureux, elles soient obligées de vendre leurs produits au même taux que le commerce, pour faire vivre les prisonniers. »

Voici une proposition qui se confond avec celle de M. Roche :

« Création d'une fédération des voyageurs et représentants de commerce; si non, rien de possible. »

M. **Jamet**. — Nous avons reçu un télégramme des délégués officiels luxembourgeois, qui n'arrivent à Paris qu'aujourd'hui et assisteront demain à la séance, et des camarades de Groningue (Association *Mercurius*) un autre télégramme dont voici le texte :

« Groningen. — Association *Mercurius* souhaite congrès actuel pleine réussite. Fraternisation. — Bodde, secrétaire. »

Je propose au congrès de se joindre au bureau pour envoyer notre salut cordial aux camarades qui nous ont adressé leurs vœux de réussite. (*Très bien!*)

M. **Roger**.— Voici les vœux proposés par la première section et sur lesquels le congrès n'a pas encore statué :

1° Principe d'un contrat écrit; élaboration d'un contrat-type

2° Chambres de conciliation.

3° Suppression du ducroire.

4° Suppression dans les contrats des clauses draconiennes, telles que l'interdiction aux voyageurs et représentants de la vente des mêmes articles sous peine de dommages-intérêts.

M. Pacot. — Quelle sera la sanction des vœux que nous aurons exprimés ?

M. Roger. — Il doit être nommé, à la fin du congrès, une commission de la fédération nationale chargée de poursuivre l'exécution des vœux que nous aurons formulés pendant ces trois jours.

M. Pacot. — En ce qui concerne la grande question du contrat-type, il faut que la commission de permanence le rédige le plus tôt possible et le soumette aux pouvoirs publics, ou tout au moins à l'assemblée générale.

M. Jamet. — Le contrat-type doit être pour nous ce que sont pour les travaux manuels les prix de série de la ville de Paris ; il doit faire loi devant le conseil des prud'hommes.

Les quatre premiers vœux sont mis aux voix et adoptés à l'unanimité.

M. Roger. — Interdiction à tous les fonctionnaires, à quelque administration qu'ils appartiennent, de faire de la représentation sous peine de révocation. (*Très bien !*)

M. Hellion. — Et au clergé ?

M. Roger. — Cela va de soi.

Le vœu est adopté à l'unanimité.

M. Roger. — Assimilation des représentants de commerce aux voyageurs par la suppression de la patente.

M. Lenormand. — J'ai demandé la suppression de la patente. J'en ai donné quelques raisons ce matin, je viens apporter quelques éclaircissements, car je me suis probablement mal expliqué pour qu'on ait voté contre la taxe. Si nous obtenons la suppression de la patente, il nous faut une taxe pour défendre nos intérêts.

Nous venons de demander que les employés de l'État soient tenus de ne plus faire de commerce sous peine de révocation. Mais il reste les propriétaires qui font une représentation tout à fait illégale et qui nous font un tort considérable, soit comme commerçants, soit comme voyageurs. Si je m'installe à Bordeaux, à Salon, ou à Marseille, et que je me déclare commerçant, je paierai une patente. Mais si je fais un appel dans la presse et que cet appel soit entendu, que 200, 300, 400 personnes y répondent, toutes ces personnes font de la représentation. Je pourrais citer des gens de Bordeaux qui, sans avoir aucune propriété, s'intitulent propriétaires, qui réalisent ainsi 100 ou 200.000 francs de bénéfices par an, et qui ne paient rien à l'État. Dans les communes des environs de Rouen, les 4/5 des habitants s'occupent de représentation, et il en est ainsi dans la plupart des villes de France. Le remède à cette situation, c'est la taxe contre ces messieurs qui s'intitulent propriétaires sans l'être. Ces soi-disant négociants — il est malheureux de le dire — disent aux propriétaires qui se présentent chez eux : vous êtes bien placé, vous avez beaucoup de connaissances, vous êtes M. le maire de tel endroit, vous pourriez gagner votre barrique de vin, je vous donnerais 8 à 10 o/o. — L'affaire se conclut, et le propriétaire, qui a de belles rentes, prend la place du voyageur. Eh bien ! il est évident que, si la taxe existait, les choses ne se passeraient pas ainsi.

Comment appliquera-t-on cette taxe ? Il faudra que le négociant fasse une déclaration attestant qu'il a M. un tel comme représentant pour telle catégorie d'articles. Il faut absolument faire cesser la situation d'aujourd'hui. Nous voyons des grosses maisons qui ont des pousse-pousse. 100 ou 200 petites voitures, et qui ont ainsi supprimé le voyageur. Ces voitures sortent de chez les capitalistes qui se font ainsi des rentes. Loin de moi la pensée de parler contre les malheureux qui poussent les pousse-pousse : je ne veux attaquer que ces capitalistes égoïstes qui prennent la part de tous ceux qui travaillent. Voilà pourquoi je demande la taxe.

J'ai dit à la section ce matin que j'ai fait autrefois jusqu'à 167.000 francs d'affaires, et que maintenant j'en suis réduit à 40.000 francs. Pour quelle raison ? Parce que tout le monde s'est mis à faire de la représentation. Si demain la taxe était appliquée, nos patrons seraient obligés de demander à tous ces représentants d'occasion : combien faites vous d'affaires ? si vous ne faites pas un chiffre suffisant, je ne puis vous prendre comme représentant. — Il y aurait alors une grande partie de ces gens qui disparaîtraient et, au lieu de faire par exemple 40.000 francs d'affaires, nous pourrions en faire 60.000, et nous serions débarrassés de tous ceux qui encombrent la profession de voyageur de commerce.

Voilà pourquoi je demande l'établissement de la taxe.

M. **Richard**. — Ce matin, dans la confusion de la discussion, on a voté la suppression de la patente pour les représentants de commerce. Je désirais placer une observation qui est la suivante : j'aurais préféré que le vœu fût plus explicite : à mon sens il ne l'est pas suffisamment. Il s'agit de savoir si nous demandons la suppression de la patente pour les représentants de commerce ne représentant qu'une seule maison, ou pour les représentants qui représentent 10, 20, 30, 40 maisons. Voilà ce que j'aurais désiré savoir, et ce qu'on ne m'a pas dit. Je suis, pour mon compte, partisan de la suppression de la patente pour les représentants de commerce à la commission, qui sont assimilés aux voyageurs.

Plusieurs membres.— Ceux-là ne paient pas de patente.

M. **le Président**. — Je connais des représentants de Paris qui ne paient pas de patente.

M. **Bonnet**. — Les représentants de Paris paient patente s'ils n'ont qu'une marque.

M. **Richard**. — Le représentant de commerce qui ne représente qu'une seule maison ne doit pas payer patente parce qu'il est assimilé à un voyageur de commerce.

On a voté la suppression de la patente pour les représentants de commerce qui représentent plusieurs maisons. J'y suis complètement opposé, car, si on supprime la patente, nous serons victimes des mêmes abus. Si on supprime la patente, tout le monde deviendra représentant de commerce. C'est pourquoi je demande que la question soit bien posée avant qu'on vote sur le vœu en séance plénière.

M. **Jamet**. — La première section a adopté un vœu tendant à la suppression de la patente. Ce vœu est absolument démocratique. Ce qui m'étonne, c'est d'entendre des camarades qui demandent à être imposés. Il s'agit d'un dégrèvement d'impôt, le corgrès vote un vœu dans ce sens et aussitôt des camarades se lèvent pour demander qu'on leur maintienne la patente. Mais alors, s'ils demandent à être patentés, c'est qu'ils ont un motif, c'est qu'ils veulent être en marge de la représentation, car les commerçants seuls sont patentés.

Si certains camarades désirent être patentés, libre à eux. Mais le congrès doit songer à la généralité des représentants qui désirent ne pas être patentés et obtenir l'assimilation des représentants de commerce aux voyageurs. Ceux qui veulent être patentés n'auront qu'à se présenter chez le contrôleur des contributions directes qui ne fera aucune difficulté, et qui leur imposera même une patente double s'ils le désirent. (*Rires.*)

Je demande qu'on vote le vœu approuvé par la première section et qui tend à la suppression de la patente pour les représentants de commerce ainsi assimilés aux voyageurs.

M. **Nadal** (Suisse). — Nous ne devons pas oublier que nous sommes en congrès international Il est très juste que les voyageurs français, qui ont fait entendre leurs revendications, fassent émettre un vœu par le congrès dans le sens de leurs idées. Mais je crois que, puisque le vœu que nous allons adopter ne spécifie pas qu'il s'agit exclusivement de la France. il faut que les délégués étrangers puissent faire valoir leurs idées et puissent expliquer comment fonctionne la patente dans leur pays.

On a fait allusion à la Suisse en disant qu'elle avait imposé une patente aux voyageurs étrangers. Seulement, ce qu'on n'a pas ajouté, c'est que cette patente, les voyageurs suisses la paient chez eux. Nous avons deux catégories de voyageurs : les voyageurs qui vendent à la maison de gros, qui revend à son tour, et les voyageurs qui vendent au détail. Le voyageur qui vend au détail mérite d'être taxé, parce qu'il va faire concurrence, dans le pays même, au magasin qui vend au détail au particulier. En allant vendre une caisse de savon, de l'huile, dans un pays, vous faites concurrence au magasin qui est établi dans le pays où vous allez. Mais il en est tout autrement du voyageur qui visite la maison de gros, aussi ne leur avons-nous pas imposé de patente.

Vous parlez du malaise des voyageurs de commerce. Si vous leur imposez une patente...

Plusieurs membres. — Il ne s'agit pas des voyageurs, mais des représentants.

M. **Nadal.** - Cela revient au même.

M. **Richard.** — Il ne faut pas confondre le rôle du voyageur et celui du représentant.

M. **Jamet.** – Il s'agissait de la patente imposée aux représentants de commerce comme aux commerçants français. Ce qui a provoqué la confusion que commet notre collègue, c'est qu'on a parlé de la patente exigée des voyageurs à l'entrée d'un pays voisin. Il s'agit en ce moment de la patente, imposition directe sur le représentant de commerce en tant que commerçant.

Il est vrai que le congrès est international et il est absolument nécessaire qu'il le soit. Les voyageurs et représentants de commerce français ont des revendications à présenter, et il faut qu'ils aient l'appui de leurs camarades étrangers, afin que ceux-ci les soutiennent auprès de leurs gouvernements, comme la fédération internationale appuiera leurs vœux auprès de notre gouvernement. C'est en ce sens que le congrès est international, et vous pouvez être persuadés, mes chers collègues, que nous saurons appuyer vos vœux. (*Très bien !*)

M. **Vizet.** — Quand on a autant d'esprit et qu'on s'exprime d'une manière aussi aimable que notre ami Jamet, on est toujours sûr d'avoir les rieurs de son côté. Mais je tiens à revenir sur une question douteuse. Vous avez émis un vœu démocratique, et je n'ai pas la prétention de vous faire changer d'avis. Mais je soutiens que le représentant de commerce qui appartient à plusieurs maisons, c'est-à-dire qui voyage pour plusieurs maisons, mais avec un rayon d'action limité par chaque maison, avec défense absolue de faire dans ce même rayon de la représentation pour d'autres maisons vendant le même article, doit être patenté, parce que cette patente est sa sauvegarde. Si vous voyiez ce qui se passe en province, vous constateriez que tout le monde est représentant. Je ne parle pas des fonctionnaires ; vous venez d'émettre contre eux un vœu qui est tout à fait logique. Mais ils ne sont pas les seuls. Les soldats retraités font de la représentation, les curés font de la représentation, et nous autres, qui vivons de cette profession, nous sommes lésés, parce que tous ces gens font une concurrence illégale et déloyale en ne payant pas de patente, tandis que nous en payons une.

Voilà pourquoi, nous, représentants de province, nous demandons la patente. Nous ne parlons pas des voyageurs en titre qui appartiennent à leur maison et font partie du personnel : on paie patente pour eux. Mais personne ne paie patente pour nous. Eh bien, nous demandons au congrès de voter la patente pour les représentants attachés à des maisons, pour les représentants de province. C'est notre sauvegarde contre les représentants marrons, qu'on a appelés très justement les « représentants d'occasion ».

M. Cillié. — J'ai demandé la parole pour répondre à notre camarade Richard qui vient de dire que ce matin on a voté la suppression de la patente dans un moment de confusion. Je crois que la confusion n'existait que dans son esprit, car ceux qui ont voté la suppression savaient ce qu'ils faisaient et ce qu'ils votaient.

Je reprends son argumentation. Il vient nous dire : « Je ne demande pas qu'on impose la patente au représentant qui ne représente qu'une seule maison, mais seulement au représentant qui représente plusieurs maisons. »

M. Richard fait partie d'une société de voyageurs très nombreuse ; je lui demande si, dans sa société, les deux tiers des membres ne voyagent pas pour plusieurs maisons ou ne représentent pas plusieurs maisons. Je me suis renseigné auprès du bureau, et l'on m'a fait connaître la situation exacte des voyageurs qui composent cette association professionnelle. On m'a dit : « Il y a beaucoup plus de représentants à la commission que de représentants payés directement par leur maison. » Or, il est prouvé que les voyageurs à la commission représentent plusieurs maisons, trois, quatre, cinq et même parfois six maisons. Il n'y a donc pas de différence entre le voyageur à la commission qui représente quatre ou cinq maisons et le représentant sédentaire qui représente quatre ou cinq maisons.

Pourquoi notre collègue Richard veut-il qu'on applique la patente au représentant sédentaire, alors qu'il ne demande pas par réciprocité l'application de cette même patente au voyageur qui se trouve dans les mêmes conditions ? (*Interruptions.*)

En conséquence, et pour ne pas éterniser le débat, je dépose le vœu suivant :

« Le congrès émet le vœu que la patente soit supprimée pour les représentants de commerce et demande que le patron paie une taxe pour chacun de ses représentants. »

M. Rousset — Il y a plusieurs manières d'envisager la question des représentants. A mon avis le représentant à la commission et le représentant sur place sont les ennemis du voyageur en titre. (*Interruptions.*)

Je veux dire « moralement », attendu que le voyageur appointé ne représente qu'une seule maison, tandis que le représentant à la commission en représente plusieurs. Il tient donc la place de plusieurs voyageurs en titre. C'est indéniable.

Je suis partisan du maintien de la patente, bien que la première section ait émis un vœu tendant à la suppresion de cette patente. Et voici pourquoi. J'ai vu plusieurs représentants de commerce qui sont partisans du maintien de la patente, attendu qu'avec le maintien et même l'élévation de cette patente..... (*Interruptions.*)

Je suis de votre avis au point de vue démocratique, mais au point de vue de la défense de la corporation je n'en suis plus. Je dis que, si vous supprimez la patente, vous verrez surgir plus de représentants qu'il n'y en a, et il y en a déjà trop. Le représentant de commerce, une fois patenté, aurait seul le droit de faire de la représentation.

Si vous supprimez la patente, vous creusez dans le budget un trou qu'il faudra bien combler d'une manière ou d'une autre, par la taxe, si vous voulez. Mais il n'en est pas moins vrai que le maintien de la patente aura un grand avantage pour le représentant lui-même : il empêchera la multiplicité des représentants.

Je suis donc d'avis que la patente doit être maintenue.

M. Cillié. — Par qui sera-t-elle payée ?

M. Rousset. — Par les intéressés.

M. Cillié. — Pourquoi pas par le patron ?

M. **Sergent**. — Le congrès vient d'aborder une des questions les plus délicates, et qui est de nature à ne pouvoir être tranchée que par les représentants. Sans doute, nous pourrions payer la patente, mais nous exerçons une profession absolument similaire à celle des voyageurs à la commission qui, eux, ne paient pas de patente.

Plusieurs membres. — Elle est payée par le patron.

M. **Sergent**. — Vous allez demander tout-à-l'heure qu'on nous fasse bénéficier du privilège en cas de faillite. Mais, si nous acceptons le système de la patente, ce privilège nous sera refusé. On le refusera nettement aux patentables, comme l'avait fait M. Pierre Legrand dans le projet qu'il avait présenté à la Chambre des députés.

Est-ce à dire qu'il faille supprimer la patente, quelle qu'elle soit ? J'ai voté pour la suppression en principe, — je suis persuadé qu'elle ne sera jamais supprimée, — mais il serait bon, si l'on maintient le premier vœu, d'ajouter qu'à la patente sera substituée une taxe qui donnera le droit d'exercer la profession de représentant. Cette taxe serait payée par le représentant, sauf à lui à se faire rembourser par la maison. Vous serez ainsi protégés contre les représentants marrons que vous craignez tant en province.

J'insiste beaucoup sur ce point. Ne maintenez pas la patente, mais demandez qu'elle soit remplacée par une taxe. Si vous restez soumis à la patente, vous serez considérés comme des négociants, et vous ne serez plus des employés. Vous deviendrez des patrons et vous en aurez tous les inconvénients.

M. **Kosciusko**. — La question a été tranchée ce matin. Le système de la patente n'a pas été admis, et voici pour mon compte pourquoi je ne l'admets pas. C'est d'abord qu'en régime démocratique tout impôt est inacceptable, et ensuite pour des raisons de détail que je vais donner.

On nous a dit : « Nous ne demandons pas la patente pour le représentant qui ne représente qu'une seule maison, nous la demandons pour celui qui représente plusieurs maisons. » — Voici l'argument contraire. Il y a des voyageurs qui ne représentent qu'une seule maison et qui gagnent parfois le double de ce que gagnent d'autres voyageurs et représentants qui représentent plusieurs maisons. Vous arriverez donc à ce résultat, que le voyageur qui représente plusieurs maisons, et qui ne gagne que la moitié de ce que gagne le voyageur ou le représentant qui n'en représente qu'une, celui-là se trouvera imposé, tandis que l'autre ne le sera pas. Voyez combien c'est illogique.

Je ne doute pas que nous ayons des collègues qui sont lésés par des courtiers marrons. Mais il ne faut pas se borner à certains cas particuliers. Nous sommes réunis pour discuter les questions intéressant les voyageurs et représentants au point de vue général. C'est l'intérêt général qui doit dominer en tout.

Voulez-vous me permettre de vous citer un exemple personnel, bien qu'on ne doive pas parler de soi ? Il y a 25 ans que je voyage, et je n'ai pas trouvé le moyen de faire fortune. Il y a une dizaine d'années, j'ai voulu quitter les voyages : j'ai dû les reprendre. Quand je les ai repris, j'étais intitulé « représentant de commerce ». Je vis un jour arriver chez moi un représentant du fisc qui voulait m'imposer. Je lui dis : « Mais je ne suis pas représentant de commerce, je ne suis que voyageur de commerce ! » Et, alors, je n'ai pas été imposé. Vous voyez la morale du système.

Laissez de côté toutes ces patentes, tous ces impôts. Ce n'est pas quand vous aurez fait payer 20 francs, 100 francs ou 200 francs de plus à des concurrents que vous ferez plus d'affaires. Ces solutions sont toujours des cautères sur des jambes de bois, comme je l'ai dit tout à l'heure.

J'espère que la décision prise ce matin en séance de section sera confirmée par l'assemblée générale.

M. **Richard**. — Bien que je sois partisan du système que j'ai préconisé, c'est-à-dire du maintien de la patente pour les représentants de commerce qui représentent plusieurs maisons, je me rallie à l'opinion de M. Lenormand, de Rouen, qui demande l'établissement d'une taxe. Nous acceptons ainsi une transaction, nous demandons la suppression de la patente et son remplacement par une taxe.

M. **le Président**. — La discussion est close.

Je mets aux voix le vœu présenté par la 1re section :

« Assimilation des représentants de commerce aux voyageurs par la suppression de la patente. »

(Le vœu est adopté.)

M. Sergent propose le vœu suivant :

« Le congrès exprime le vœu que la patente soit supprimée aux représentants et remplacée par une taxe. »

M. **Jamet**. — Je crois qu'il y a confusion. Nous supprimons la patente, mais nous mettons une taxe. Vous avez actuellement une patente de 100 francs à payer ; on vous la supprime, mais en échange on vous impose une taxe de 100 francs.

Je comprends la première solution : la taxe payée par le patron. Nous tombons ainsi dans les vues de M. Lenormand, qui veut empêcher les abus commis par ceux qui exploitent les représentants en en demandant cent, alors qu'ils n'en ont besoin que d'un. Mais je ne comprends plus la seconde solution, elle n'est pas logique.

Du reste, je tiens à faire remarquer à nos collègues qui demandent le maintien de la patente, qu'ils ne font que désirer la continuation d'un régime dont ils se plaignent.

M. le Président. — Je mets aux voix le vœu de M. Cillié :

« Le congrès émet le vœu que la patente soit supprimée aux représentants de commerce et demande que le patron paie une taxe pour chacun de ses représentants »

(Le vœu est repoussé par 35 voix contre 25.)

M. le Président. — M. Roche, qui doit se retirer avant la fin de la séance, demande la permission de faire venir immédiatement les questions de la fédération nationale et de la fédération internationale.

Il n'y a pas d'opposition ?

Je donne la parole à M. Roche.

M. Roche. — La question des fédérations nationale et internationale ne doit pas, ce me semble, retenir longtemps l'attention du congrès.

A mon avis, les vœux que nous venons d'émettre, notamment sur la proposition de M. Crespel, la suppression du ducroire, des clauses draconiennes dans les contrats, l'institution d'un contrat-type et d'un contrat écrit, tout cela ne recevra véritablement une sanction pratique que lorsque nous serons organisés en fédération nationale et en fédération internationale. Lorsqu'un congrès émet un vœu, une fois ce congrès dissous, il n'en reste rien. Par conséquent le vœu relatif aux fédérations me semble être le vœu principal de ce congrès.

Je ne veux pas m'étendre sur des idées sur lesquelles tout le monde est d'accord. Je propose l'institution d'une fédération internationale des voyageurs de commerce. Pourquoi commencé-je par celle-là ? C'est parce que nous sommes ici un congrès international, et ensuite parce qu'il y a dans nos statuts un article concernant la fédération internationale, qui prévoit précisément la création de fédérations nationales.

J'espère que les délégués étrangers, qui nous ont apporté le concours de leurs lumières et de leur expérience, voudront bien nous aider dans la création de cette fédération internationale Nous serons fiers de leur concours, qui nous aura permis de réaliser cette fédération internationale et de la voir sortir définitivement de la terre de France.

En conséquence, je propose au congrès l'adoption des statuts élaborés pour la fédération internationale. Je suis à sa disposition pour relire ces statuts qui ont été lus déjà ce matin à la séance de section.

M. **Walter**. — Nous pouvons d'abord voter sur le principe et nommer une commission pour examiner ces statuts.

M. **Roche**. — Si nous nommons une commission, nous avons grande chance de nous séparer avant que la commission ait fait son rapport et nous courons grand risque de ne rien voter. Je ne propose pas de statuts compliqués, je vous propose seulement un embryon de statuts. La définition de l'article premier n'est pas limitative et le but poursuivi par la fédération internationale pourra être étendu. Je crois qu'il n'y a pas de piège, de traquenard, et j'estime que nous pouvons voter sans renvoi à une commission et sans aucun travail préparatoire. Ces statuts, dont je vais très rapidement donner lecture, si vous le permettez, sont très simples :

Article premier. — Il est formé entre toutes les sociétés de voyageurs et de représentants qui adhéreront aux présents statuts une fédération internationale.

Art. 2. — Le siège de la fédération est fixé à Paris, à la Bourse du Travail.

Cette fixation est toute naturelle, puisque la fédération se constitue à l'occasion du congrès de Paris. Si un autre local vous agrée, vous le direz. J'ai choisi celui où s'est ouvert le congrès.

Du reste, cela ne veut pas dire que toutes les assemblées auront lieu à Paris, elles pourront avoir lieu en pays étranger.

Art. 3. — Le but de la fédération, tout en respectant l'autonomie de chaque société adhérente, est :

1° de faciliter aux voyageurs de commerce les relations commerciales et amicales pendant les voyages ;

2° de leur venir en aide en cas d'accident ou de maladie en cours de route ;

3° d'organiser un service national et international de demandes et d'offres d'emplois.

Cette définition n'est pas limitative, et le but de la fédération pourra être étendu.

Art. 4. — La fédération est administrée par un conseil

fédéral composé : d'un président, de deux vice-présidents, d'un secrétaire général, d'un secrétaire-adjoint et de cinq commissaires, tous élus pour trois ans.

Ils sont élus par les présidents des sociétés adhérentes...

On enverrait une circulaire à toutes les sociétés de France et des pays étrangers, et toutes celles qui adhéreraient aux statuts deviendraient électeurs.

... à la majorité absolue, et à la majorité relative en cas de ballottage.

Le vote par correspondance est admis.

Art. 5. — Le conseil fédéral se réunira tous les trois mois, les 1er mai, 1er août, 1er novembre et 1er février, et même plus souvent s'il le juge utile.

Art. 6. — Une assemblée générale, à laquelle seront convoquées toutes les sociétés adhérentes, aura lieu chaque année le 14 juillet.

C'était pour fixer une date. J'ai choisi le jour de notre fête nationale ; le congrès verra s'il y a lieu de changer ce jour.

Cette assemblée décidera dans quelle localité aura lieu l'assemblée suivante, soit en France soit à l'étranger.

Une commission, qui serait nommée par les sociétés qui adhéreraient aux statuts, préparerait la prochaine assemblée générale qui se tiendrait en France, le 14 juillet prochain, par exemple. Cette assemblée générale déciderait si la prochaine assemblée doit avoir lieu à Bruxelles, à Berlin, à Vienne ou dans toute autre ville.

Art. 7. — Chaque société adhérente versera une cotisation annuelle de 10 francs qui sera adressée par elle au trésorier. Les cotisations seront employées d'abord à couvrir les frais de correspondance et de publicité. L'assemblée générale décidera chaque année de l'emploi de l'excédent.

J'ai demandé que le siège social fût fixé d'une façon définitive à Paris. Il faut que les archives et le bureau de la fédération internationale soient fixés d'une manière définitive et ne se promènent pas un peu partout. Cela n'empêchera pas l'assemblée générale de se tenir dans les différents pays de la fédération.

Art. 8. — Les sociétés adhérentes appartenant à une même nationalité devront, dans le délai d'un an, s'entendre pour organiser dans leurs pays respectifs, une fédération nationale des sociétés des voyageurs et représentants de commerce.

Art. 9. — Le conseil fédéral décidera par quels voies et moyens il pourra étendre le but proposé à l'art. 3. Il élaborera un règlement spécial à cet effet.

Art. 10 — Les modifications aux présents statuts seront décidées par l'assemblée générale, mais elles devront être d'abord soumises au conseil fédéral. Les demandes de modifications devront parvenir au président 15 jours au moins avant la réunion du conseil fédéral.

Art. 11. — La dissolution de la fédération internationale ne pourra être votée que par une assemblée générale composée des deux tiers des sociétés adhérentes, à la condition d'être soumise à l'avance au conseil fédéral dans les conditions de l'article précédent.

L'assemblée générale qui prononcera la dissolution décidera de l'emploi des fonds.

Ces statuts ne sont pas compliqués, ils expriment, je crois, d'une façon claire le but que nous poursuivons. Si nous votons cette fédération, et si nous parvenons à la réaliser, nous aurons fait une œuvre essentiellement utile à la corporation des voyageurs de commerce. (*Très bien! très bien! — Applaudissements.*)

M. **Kosciusko**. — Ce ne sont pas les socialistes qui peuvent être opposés à la création d'une fédération internationale ou nationale. Mais, à mon sens, M. Roche a mis la charrue devant les bœufs en proposant de créer la fédération internationale avant de créer la fédération nationale. Et je ne fais que répéter ce que disait ce matin un camarade belge : organisez vous d'abord nationalement, vous pourrez ensuite vous fédérer internationalement.

Je veux aussi examiner la composition de la direction de la fédération. On nous propose de nommer un président, des vice-présidents et autres grosses légumes. Nous autres socialistes, — et j'espère que nos camarades du bureau ne prendront pas mes paroles en mauvaise part, — nous considérons que nous devons en finir une bonne fois avec ces titres. Et voici quelle est l'organisation que nous proposons.

La fédération nationale serait administrée par un secrétaire général et par des délégués nommés par tous les groupes de voyageurs et représentants de commerce, sociétés de secours mutuels, syndicats et autres groupements. Ces délégués formeraient le conseil fédéra national.

Une fois cette fédération nationale constituée, pour agir avec méthode, vous pourrez former une fédération internationale composée des délégués des divers pays. Vous aurez ainsi une solution pratique.

Je vous propose donc de commencer par la fédération nationale, en excluant toute présidence et toute vice-présidence, en vous conformant au système démocratique qui consiste à nommer un secrétaire général et des délégués de chaque groupement pour former le conseil fédéral national. Une fois ce conseil fédéral national institué, vous pourrez constituer sur les mêmes bases la fédération internationale.

M. **Roche**. — Je désire répondre en deux mots seulement à notre collègue.

Tout d'abord je ne vois aucun inconvénient à ce qu'on commence par la fédération nationale.

Notre collègue demande ensuite qu'on ne constitue pas un bureau avec un président, des vice-présidents, mais qu'on nomme simplement un secrétaire général.

Je suis opposé à cette manière de voir et j'estime que la création d'un bureau est nécessaire. Un secrétaire général me paraîtrait un peu isolé, surtout étant donné qu'il s'agit d'une fédération internationale. Je crois qu'il vaut mieux qu'il ait à côté de lui un bureau pour résoudre les graves questions.

C'est du reste ainsi que nous procédons dans toutes nos sociétés. Il y a un président, des vice-présidents...

M. **Kosciusko**. — Je vous demande pardon, pas dans toutes.

M. **Roche**. — Dans le plus grand nombre, si vous voulez. Je ne vois pas pourquoi nous changerions ce mode de procéder.

M. **Cabeke** (Belgique). — Ce matin, dans la séance de section, lorsqu'on a proposé de constituer d'abord la fédération internationale, j'ai préconisé une méthode différente, et j'ai demandé qu'on commençât par la fédération nationale. Le projet de statuts qui a été préparé par M. Roche pour la fédération internationale pourrait d'ailleurs servir pour la fédération nationale. Une fois que les délégués seront nommés, ils discuteront la question de savoir si ces statuts doivent ou non être modifiés, et s'ils doivent nommer un président, des vice-présidents ou seulement un secrétaire général.

En Belgique, nous sommes sur le point d'aboutir. Nous nous sommes mis en rapport avec les autres sociétés, et je pense qu'elles accepteront bientôt. Suivez cet exemple, et vous pourrez bientôt aboutir à la réalisation de votre fédération.

M. **Laran**. — Je ne suis pas non plus de l'avis de M. Roche, et je lui en exprime mes regrets. Nous devons commencer par constituer la fédération nationale. Et voici une autre considération qui s'ajoute à celles qu'on a déjà exposées et qui a son importance. Je suis président de la société de Bordeaux et du Sud-Ouest qui compte 189 membres. Sommes-nous autorisés à voter la fédération internationale et la fédération nationale en même temps ? Nous n'avons pas reçu mandat de voter conformément à la proposition qui nous est soumise.

M. **Cillié**. — C'est au programme du congrès.

M. **Laran**. — Il y a une considération élémentaire au point de vue de la constitution sérieuse et définitive de la fédération internationale. Avant de provoquer cette constitution, ne faut-il pas grouper d'abord tous les syndicats, toutes les associations françaises, leur indiquer le but que nous poursuivons, les avantages que nous espérons obtenir ? Il faut donc que la fédération nationale soit d'abord assurée. On pourra ensuite parler efficacement de la fédération internationale. On a tenu compte de ces considérations. Au lieu de voter l'organisation définitive de la fédération, on en a voté seulement le principe, en réservant les détails d'application, pour que cette organisation nationale puisse être préparée et exercer une influence sérieuse sur l'esprit de tous ceux qui concourront à la constitution de la fédération internationale.

J'ajoute qu'au lieu d'un bureau nous devons avoir seulement un secrétaire général, installé à un endroit déterminé, et un comité directeur qui se réunira sur l'appel du secrétaire général toutes les fois que cela sera nécessaire. C'est de tradition internationale et je puis citer l'exemple du Comité de la paix, qui n'a pas de président. Un président aurait une situation exceptionnelle qui lui assurerait une autorité que n'aura pas un secrétaire général.

Je demande donc que le congrès décide qu'il y a lieu de constituer d'abord la fédération nationale et, en second lieu, je demande que nous votions seulement le principe de la fédération internationale, en réservant les détails d'application.

M. **Roche**. — Nous ne changeons pas beaucoup la situation. Qu'allez-vous faire? Émettre un vœu en faveur de la création de la fédération internationale? Quand nous aurons émis ce vœu, serons-nous plus avancés? Ce vœu n'a-t-il pas été déjà émis à Bruxelles? Il ne faut pas nous contenter de répéter des vœux déjà émis; il faut aboutir. Commencez par émettre un vœu en faveur de la fédération nationale et ensuite constituez d'une façon définitive la fédération internationale qui pourra fonctionner immédiatement. Sinon, vous ne ferez rien.

M. **le Président**. — La section propose de voter le

principe de la fédération nationale et de la fédération internationale.

Je mets aux voix cette proposition.

(Le principe des fédérations nationale et internationale est adopté à l'unanimité).

M. **le Président.** — Nous arrivons à la proposition de M. Roche. Si nous nous contentons d'émettre un vœu, jeudi prochain à l'issue du congrès, personne n'y pensera plus. Nous sommes en présence d'un projet de statuts qui peut rester, qui sera publié dans le volume contenant nos travaux et qui sera ainsi entre les mains des congressistes. Ce sera un acte.

M. **Roche.** — Le bureau du congrès a obtenu une subvention de M. le ministre du commerce. Une partie de cette subvention pourra être employée à la publication de nos travaux. Les statuts seront reproduits, une circulaire sera rédigée au nom du congrès et envoyée à toutes les sociétés en leur demandant leur adhésion à la fédération internationale. Une fois que les sociétés auront adhéré à la fédération internationale, elles pourront statuer sur la question du bureau, et décider s'il y aura lieu de nommer un président, des vice-présidents, etc., ou s'il faut accepter la proposition de M. Kosciusko et modifier l'article. Mais il est nécessaire que nous fassions quelque chose d'utile.

Un membre. — Au lieu de voter immédiatement sur la fédération, il serait plus simple de voter un vœu chargeant le bureau du congrès de préparer la fédération.

M. **Hellion.** — Combien de temps va durer le bureau permanent ? S'il n'existe plus, que deviendra le vœu ?

M. **Jamet.** — Si vous vous souvenez de la brochure

qui préconisait l'idée de la fédération nationale et de la fédération internationale, les vœux qui seront émis n'auront de sanction qu'autant qu'ils seront présentés avec quelque autorité. Mais rappelez-vous que le renvoi à une commission d'études, c'est l'enterrement de première classe.

Il faut se pénétrer de cette idée que des statuts, pour être complets, demandent une longue étude. Vous pouvez nommer un bureau provisoire de la fédération internationale, qui sera chargé d'étudier les statuts définitifs et de les élaborer. Le bureau pourra envoyer aux sociétés une circulaire pour leur demander si elles entendent adhérer à la fédération. Mais, quand vous aurez ainsi institué un bureau, vous aurez au moins créé un embryon de fédération.

J'appuie donc la proposition de M. Roche tendant à la création immédiate de la fédération.

M. le Président. — Je consulte le congrès sur la proposition de création immédiate de la fédération internationale.

La création immédiate de la fédération internationale est décidée.

Le congrès décide ensuite qu'une commission provisoire sera désignée pour établir les statuts de la fédération internationale.

(La séance est levée à six heures.)

TROISIÈME SÉANCE

MARDI 10 JUILLET 1900

Présidence de M. **Roche**, vice-président.

Vice-Présidents : MM. **Marneffe** (Belgique). **Pfeiffer** (Luxembourg). **Jordi** (Suisse).

Secrétaire : M. **Surée** (Rouen).

Télégramme et adresse (Espagne). — Deuxième question. Vœux proposés par la 2e section : 1o Rachat des chemins de fer par l'État ; 2e Abonnement général ; 3e Carnet kilométrique. Discussion (MM. Crosnier, Jamet, Pfeiffer, Buret, Figeac, Rousset). — Autres vœux relatifs aux transports par chemins de fer (MM. Vatinelle. Rousset, Cousin, Fleig). — Réduction du tarif pour le transport des colis d'échantillons. Discussion (MM. Marneffe, Pentlar, Reidar-Due, Bonnet, Maltrana, Kosciusko, Fleig, etc.) — Indemnités réglementaires, responsabilités des transporteurs de toute nature. Discussion (MM. Jamet. Malagié, Bonnet, Kosciusko, etc.). — Transports à prix réduits sur les chemins de fer urbains et suburbains. Vœux adoptés. — Abaissement des tarifs postaux, télégraphiques et téléphoniques. Vœux adoptés. — Élection des membres de la commission de la fédération nationale et de la commission internationale, et de la commission des transports. — Allocution de M. L. Ricard, député de la Seine-Inférieure.

La séance est ouverte à deux heures et demie.

M. **Jamet** communique le télégramme suivant de la Société espagnole des représentants et voyageurs de commerce :

« Madrid. — La Société espagnole des représentants et voyageurs de commerce a l'honneur d'envoyer un salut fraternel au congrès international des voyageurs et représentants de commerce réuni à Paris. — SANZ Y SANCHO, vice-président; ESCOLASTICO SANCHEZ, secrétaire. »

Il propose au congrès de se joindre au bureau pour renvoyer aux camarades de Madrid l'expression des meilleurs vœux du congrès. (*Adopté.*)

M. **Jamet** communique également une lettre des camarades de Barcelone, qui s'excusent de ne pouvoir se faire représenter au congrès, leur président étant indisposé.

M. **Surée**, secrétaire de la 2me section, donne connaissance à l'assemblée des travaux de la séance tenue le matin par la section.

M. **le Président**. — Nous avons réuni les deux premiers paragraphes :

1° Du meilleur système à préconiser pour la délivrance des billets de chemins de fer ;

2° De la réduction des prix de transport des voyageurs et représentants de commerce.

La section a approuvé un certain nombre de vœux.

Le premier est le suivant : rachat des réseaux de chemins de fer par l'État.

M. **Pacot**. — Ce matin, à la séance de section, j'ai défendu très brièvement le vœu que j'ai déposé avec mes amis du groupe socialiste des voyageurs. Ce vœu a été admis par la section à l'unanimité moins 5 voix.

Le plus important des arguments que j'ai présentés était celui-ci : tant que les chemins de fer seront exploités par des sociétés anonymes qui, au lieu d'employer tous les capitaux disponibles à la bonne marche de l'exploitation, tiennent à distribuer des dividendes aux actionnaires, vous ne pourrez obtenir aucune amélioration dans l'intérêt des voyageurs. Vous l'avez tous constaté, et c'est pourquoi vous avez, pour ainsi dire, voté le vœu à l'unanimité. Je vous demande de voter le même vœu en séance plénière.

Un député, M. Bourrat, rapporteur du budget des conventions, a déposé une proposition de loi en ce sens. Cette idée fait des progrès dans toutes les classes de la société, excepté naturellement dans celle des actionnaires. Je vous demande d'émettre un vœu dans le sens du rachat ferme et au plus tôt, des chemins de fer par l'État.

(Le vœu est adopté à l'unanimité moins une voix.)

M. **le Président**. — Le second vœu voté ce matin en séance de section est relatif à l'abonnement général :

« Le congrès émet le vœu que les compagnies de chemins de fer réduisent d'une façon très sensible, à l'instar de ce qui se passe en Suisse et en Belgique, les abonnements généraux de chemins de fer, en se basant sur les avantages accordés pour les billets circulaires ».

M. **Buret** — Je n'ai qu'un mot à ajouter à la proposition que j'ai faite et que j'avais prié le bureau de joindre à celle dont il vient d'être donné lecture. J'avais demandé que nous émettions un vœu concernant les cartes d'abonnement à demi-tarif et que ce vœu fût joint à celui qui est en discussion. Si nous n'avons pas satisfaction en ce qui concerne l'abonnement général, nous pourrions au moins réclamer le quart de place pour les porteurs de cartes d'abonnement à demi-tarif.

Si la proposition qui vous est soumise actuellement est adoptée, la mienne n'aura plus de raison d'être. Si les compagnies refusent de nous donner satisfaction en ce qui concerne l'abonnement général, nous ne pourrons plus revenir à la charge. C'est pourquoi je demande que les deux propositions soient jointes et qu'à défaut de l'abonnement général nous puissions avoir le quart de place avec la carte actuelle d'abonnement à demi-tarif.

M. **le Président.** — Nous nous occupons des vœux principaux qui ont été émis. Nous avons commencé par le rachat des chemins de fer, en second lieu nous parlons de l'abonnement général, en troisième lieu nous allons parler du carnet kilométrique. Puis viendront d'autres propositions très intéressantes qui ont été prises en considération par la section et qui méritent d'être étudiées. C'est précisément dans ces propositions prises en considération par la section que figure la proposition dont M. Buret vient de parler.

M. **Crosnier.**— Si nous votons séparément sur chaque vœu, il pourra s'en trouver qui seront contradictoires.

M. **Fleig.** — La commission d'organisation sera chargée de refondre toutes ces propositions et d'en faire un tout homogène pour le présenter officiellement aux pouvoirs publics et aux compagnies de chemins de fer. En ce moment nous faisons appel à toutes les bonnes volontés. Plus tard on s'occupera de coordonner les résultats obtenus.

M. **Crosnier.** — Je demande qu'on donne lecture de tous les vœux et qu'il ne soit procédé au vote qu'après discussion.

M. **le Président.** — C'est ce que nous faisons. Nous avons abordé la question des transports et nous avons réuni les deux premiers paragraphes : nous donnons connaissance à l'assemblée générale des vœux qui ont été émis par la section.

M. **Crosnier.** — Avant de mettre un vœu aux voix, on pourrait discuter tous les autres.

Nous pouvons commencer par voter sur les vœux les plus radicaux. Le plus radical est la reprise des chemins de fer par l'État : de ce fait nous obtiendrons l'abonnement général sur tout le réseau de l'État. Subsidiairement, si nous n'obtenons pas satisfaction, nous pouvons revendiquer, auprès des compagnies exploitantes, l'abonnement général. Enfin nous discuterons d'autres vœux subsidiaires, mais nous devons les voter séparément.

M. **Jamet**. — La 2me section, dans sa séance de ce matin, a décidé d'examiner d'abord les vœux de principe, par exemple le rachat par l'État, l'abonnement général, le carnet kilométrique. Il est certainement très difficile d'arriver dès aujourd'hui, en assemblée générale, à réaliser ces vœux. C'est ainsi que nous avons décidé hier la création de la fédération, et que nous avons entendu qu'il serait nommé une commission chargée de présenter aux pouvoirs publics les vœux adoptés par le congrès : il faut donc que l'assemblée s'en rapporte à cette commission en ce qui concerne l'exécution des vœux, et qu'elle se borne à adopter les principes fondamentaux. Tout en laissant à la commission le soin de coordonner tous les projets qui seront présentés, vous pourrez émettre un avis favorable à tel ou tel vœu ; mais vous devez avant tout adopter les vœux de principe qui vous sont soumis. Chacun de nous a cherché le meilleur moyen de corriger les maux dont nous souffrons, mais les remèdes apportés sont multiples, et il importe de les mettre au point.

L'essentiel, c'est que la commission que vous allez nommer puisse, dès demain, si elle le veut, coordonner les principaux vœux que vous aurez émis aujourd'hui.

Par conséquent, il est bon que vous votiez d'abord les vœux émis ce matin en séance de section : rachat des chemins de fer par l'État, carnet kilométrique, au cas où le rachat par l'État ne serait pas effectué et où nous n'obtiendrions pas satisfaction quant à l'abonnement général. Il nous faut chercher des palliatifs. Puis, tous les camarades qui ont à présenter des propositions accessoires, rentrant dans le cadre des deux principes adoptés, pourront les discuter. L'assemblée pourra émettre sur ces propositions un avis favorable, et la commission se chargera de coordonner ces propositions, pour les soumettre aux autorités compétentes.

M. le Président.— Nous venons de voter le premier vœu : rachat des chemins de fer par l'État. Nous en sommes maintenant à l'abonnement général avec des réductions. Je mets aux voix le vœu adopté ce matin en séance de section et dont j'ai donné lecture.

(Le vœu est adopté à l'unanimité.)

M. le Président.— Si nous ne pouvons pas obtenir l'abonnement général, et même si nous l'obtenons, — car il n'y a pas incompatibilité, — nous devons demander le système du carnet kilométrique. Abonnement général pour les grands parcours, avons-nous dit ce matin, carnet kilométrique favorable surtout pour les petits parcours.

Voici le vœu émis par la section :

« Le congrès émet le vœu que les compagnies de chemins

de fer mettent à la disposition des voyageurs des carnets kilométriques »

M. **Pfeiffer.** — La commission que vous nommerez devrait s'inspirer de ce qui se fait en Hollande. Sur les chemins de fer hollandais on délivre des carnets kilométriques : vous achetez 500, 1000 kilomètres: vous les utilisez comme il vous plaît. La commission pourrait s'informer des prix appliqués en Hollande et demander aux autorités compétentes de vous accorder cette satisfaction, si vous n'obtenez pas les principales.

M. **Buret.** — Si nous votons un vœu relatif au carnet kilométrique, je crains que les compagnies ne nous fassent la réponse qu'elles nous ont déjà faite : qui nous garantit que le carnet sera toujours employé par la même personne ? J'ai proposé ce matin le carnet-chèque kilométrique qui répondrait d'avance aux compagnies. On achèterait 12 à 15.000 kilomètres de chemins de fer, et, chaque fois qu'on entreprendrait un voyage, on paierait au moyen d'un chèque signé de l'abonné. La carte porterait la signature de l'abonné, qui serait déposée à la compagnie. Je crois que nous aurions ainsi plus grande chance de réussir auprès des compagnies.

M. **Jamet.** — Nous partageons tous l'avis de notre ami Buret; mais il nous fait des objections au nom des compagnies. Or, nous n'avons pas à nous occuper de la façon dont les compagnies appliqueront notre vœu. Les objections viendront toujours assez tôt, et nous n'avons pas besoin de les faire nous-mêmes; les compagnies sont assez fortes pour se défendre. Demandons ce qui nous est nécessaire, et ne nous occupons pas des réponses qui nous seront faites. *(Très bien!)*

M. **Cousin.** — Il a été dit ce matin en séance de section que le voyageur indiquerait son itinéraire. Or, il y a des voyageurs qui ne peuvent indiquer ce qu'ils feront le lendemain, et qui peuvent recevoir, étant dans une ville, l'ordre de se rendre immédiatement dans une autre, qui n'était pas prévue à l'itinéraire.

M. **Kosciusko.** — Laissons donc de côté les détails d'application.

M. **Buret.** - J'ai indiqué dans mon projet que chacun aurait la faculté de faire sa feuille comme il l'entendrait.

M. **Cousin.** — Ce n'est pas une réponse à mon objection. Je suis à Dijon, j'ai l'intention de me rendre à Lyon, je reçois une dépêche de mon patron m'envoyant à Bordeaux. Je ne peux pas demander à la compagnie de changer mon itinéraire.

M. **Montalant.** — Le carnet kilométrique n'implique pas la fixation d'un itinéraire, il implique la liberté absolue pour le voyageur de se rendre où il veut, en utilisant les kilomètres qu'il a achetés.

M. **Vatinelle.** — Je me rallie à l'observation de notre président et de M. Jamet. Tous ces détails d'application n'ont pas besoin d'être discutés ici. Votons le principe et que ceux d'entre nous qui ont des observations à présenter les envoient à la commission qui sera chargée d'étudier les vœux émis et de les présenter aux pouvoirs publics.

M. **le Président.** — Je mets aux voix le vœu qui est ainsi conçu :

« Le congrès émet le vœu que les compagnies de chemins de fer mettent à la disposition des voyageurs des carnets kilométriques à prix réduits. »

(Le vœu est adopté à l'unanimité.)

M. **le Président.** — Nous allons maintenant arriver à d'autres vœux très intéressants qui ont été pris ce matin en considération et renvoyés à la commission pour étude.

Il y a d'abord le vœu de M. Buret concernant le quart de place avec le billet de circulation.

Il y a ensuite le vœu relatif au carnet-chèque kilométrique, avec faculté d'établir sa feuille de route et d'arrêter son voyage lorsqu'on est rappelé chez soi, sauf à reprendre cette même feuille de route, lorsqu'on est appelé à venir dans le même pays.

Il y a encore la proposition de MM. Fleig et Cousin, au nom de la Société de protection mutuelle, relative au carnet individuel, appartenant au voyageur lui-même, avec des réductions de 20, 30, 40 et 50 %.

Enfin il y a la proposition de M. Montalant qui est analogue à celle de M. Fleig. On conserverait son billet, on paierait le tarif plein et les compagnies accorderaient un dégrèvement sous forme d'escompte, suivant la quantité de kilomètres parcourus.

M. **Figeac.** — Je suis d'avis que nous ne devons pas nous engager dans toutes ces questions et ne pas faire de catégories au point de vue kilométrique. Le carnet kilométrique est parfait, il me permet de faire ce qui me plait, sans avoir de comptes à rendre à personne. Il y a une dizaine d'années, on ne faisait pas toutes ces distinctions, et il me semble que, si je voulais reprendre les voyages, je préférerais le système du carnet kilométrique : j'achèterais un carnet me permettant de faire tant de kilomètres, et il me semble que j'aurais quelque droit à demander une réduction d'autant plus forte que j'aurais fait plus de kilomètres. Il n'y a pas à entrer dans ces distinctions de classes et de catégories. Je n'admets que le carnet kilométrique me donnant tant de kilomètres au 1er janvier et dont je suis comptable au 31 décembre.

M. **Rousset**. — Le raisonnement est fort juste. Mais nous n'avons pas le carnet kilométrique, et nous le demandons, et, pour l'obtenir, nous cherchons quel est le meilleur moyen à préconiser. Nous sommes bien obligés de formuler toutes les propositions qui peuvent émaner de telle ou telle catégorie de voyageurs. Il n'y a donc pas à chercher si nous faisons plus ou moins de kilomètres, il faut avant tout obtenir le carnet kilométrique, ou plutôt la réduction, car, pour mon compte, je ne suis pas partisan du carnet kilométrique, je préfère le système de l'abonnement général le plus réduit. L'abonnement a, suivant moi, l'avantage de favoriser aussi bien les petites maisons que les grandes, puisque le voyageur qui fait mille kilomètres aura la même réduction que celui qui en fait deux ou trois fois plus.

Je crois donc que la seule solution à envisager, c'est l'abonnement général sur toutes les compagnies, au taux le plus réduit, et non le carnet kilométrique, qui ne donne pas satisfaction à l'ensemble des voyageurs.

M. **Kosciusko**. — Il a été convenu que nous ne nous attarderions pas à discuter les moyens d'application du carnet kilométrique, je constate qu'on ne tient aucunement compte de cette décision. Je vous en prie, si vous reconnaissez l'utilité du carnet kilométrique, votez le principe, mais si vous avez des détails d'application à indiquer, réservez-les pour la commission qui sera nommée à cet effet. (*Très bien!*)

M. **Fleig**. — Je suis de l'avis de notre collègue

Koscziusko. Il faut réserver à la commission l'examen des détails d'application.

Je veux cependant ajouter un seul mot. Je demande que ce carnet kilométrique, si nous l'obtenons, soit rigoureusement individuel, personnel, et que les chefs de maison n'aient pas la faculté de remplacer un voyageur de commerce par un autre, en remettant à celui-ci la carte qu'avait son prédécesseur. (*Applaudissements.*)

M. **le Président**. — En ce qui concerne le carnet kilométrique, nous sommes en présence de plusieurs propositions.

La section propose de prendre toutes ces propositions en considération et de les renvoyer pour étude à la commission spéciale.

M. **Rousset**. — Nous allons probablement nommer une commission qui sera chargée de coordonner les décisions qui auront eté prises par nous et de les présenter à qui de droit. Je ne doute pas des bonnes intentions de cette commission. Mais une fois que le congrès sera dissous, qui nous donne l'assurance que la commission se conformera exactement à nos intentions ?

M. **Fleig**. — L'intérêt corporatif, mon cher collègue. Nous sommes des voyageurs, et des vieux.

M. **Rousset**. — Chacun ici traite la question à son point de vue. Nous sommes tous ici pour le plus grand bien de la corporation. Mais je considère que le congrès doit émettre des vœux fermes, qui donnent des indications précises à la commission qui sera nommée, si toutefois il est décidé qu'une commission sera nommée, pour donner suite aux vœux émis.

M. **Roger**. — La commission, qui sera nommée très

probablement aujourd'hui, en tout cas avant la fin du congrès, ne prendra vraisemblablement pas de décisions fermes du jour au lendemain ; elle devra se livrer à des études sérieuses ; elle ne présentera pas ses résolutions aux pouvoirs publics sans les soumettre aux sociétés adhérentes.

M. **Rousset.** – D'où nécessité de la fédération.

M. **Roger.** — Nous ne l'avons pas. La commission devra donc se contenter de soumettre les décisions qu'elle aura prises aux sociétés adhérentes.

M. **Jamet.** — J'ai expliqué aux camarades que les vœux que nous avons émis sont des vœux généraux, et que sur ces vœux viennent se greffer tous les vœux accessoires. La commission qui sera chargée de les soumettre à qui de droit ne peut évidemment que rester dans le cadre qui lui aura été tracé par l'assemblée. Elle n'est pas désignée d'avance ; il faut la composer de camarades en qui on ait confiance. Elle s'en remettra aux décisions qui auront été prises; elle choisira, parmi les vœux qui auront été émis, ceux qui seront les meilleurs, car il est bien certain que, parmi ces vœux, il en est qui viendront en compléter d'autres, et d'autres au contraire qui feront double emploi.

M. **Kosciusko.** — Je crois être votre interprète à tous en proposant de nommer la commission à la fin de cette séance ; puisque nous devons nommer la commission de la fédération nationale et celle de la fédération internationale, nous pourrions en même temps nommer la commission qui sera chargée de coordonner nos vœux. Elle pourra se réunir demain matin, étudier les mesures de détail et d'application relatives aux vœux que nous avons émis, comme le vœu relatif au carnet kilométrique, et, dans la séance de l'après-midi, si c'est possible matériellement, elle arrivera avec des conclusions fermes. De la sorte, chacun pourra apporter à la commission les détails d'application qu'il propose.

M. **le Président.** — Je mets aux voix la proposition suivante :

« Le congrès prend en considération les systèmes proposés par MM. Fleig, Cousin, Montalant et Buret, concernant le carnet individuel, le carnet chèque, etc., et les renvoie à l'étude de la commission. »

(Adopté.)

M. **Loubet.** — Je demande l'addition suivante aux vœux déjà émis :

« Le congrès émet le vœu qu'on étende aux compagnies de navigation les réductions qui pourraient nous être accordées par les compagnies de chemins de fer. » *(Très bien !)*

M. **le Président.** — Ceci n'est plus un détail d'application, c'est une proposition à part que nous pouvons émettre d'une façon ferme.

(Le vœu est adopté à l'unanimité.)

Je mets aux voix la proposition suivante :

« Le congrès émet le vœu que, quel que soit le système préconisé, la carte d'abonnement ou le carnet kilométrique, le droit à la réclamation soit accordé au titulaire comme au voyageur à plein tarif. »

(La proposition est adoptée à l'unanimité.)

Vœu présenté par M. Vatinelle au nom de la société de Lille :

« Le congrès émet le vœu que le cours de tout abonnement sur les chemins de fer français et étrangers soit suspendu pendant les périodes de mobilisation militaire auxquelles peuvent être astreints les titulaires de ces abonnements, quelles que soient la cause et la durée des appels. »

M. **Vatinelle**. — Je demande que, quoi qu'il arrive, quelles que soient les propositions qui pourront être faites tendant à la suspension des abonnements, le vœu que nous proposons reste isolé.

(Le vœu est adopté à l'unanimité.)

Vœu de M. Rousset, du syndicat des voyageurs d'Orléans :

« Le congrès émet le vœu que, quel que soit le système adopté, en cas de maladie prolongée du voyageur, la durée de validité de son droit de parcours soit suspendue pendant le temps de sa maladie, à la condition qu'il dépose sa carte. »

(Adopté à l'unanimité).

M. **le Président**. — Voici un autre vœu :

« Le congrès émet le vœu que toutes les compagnies adoptent un tarif unique et réduit pour les billets de circulation à demi-place. »

M. **Cousin**. — Il y aurait plusieurs vœux à réunir concernant cette carte de circulation.

D'abord le vœu relatif au droit de réclamation pour avoir manqué la correspondance ; ensuite le droit de monter dans tout train sans tenir compte de la distance à parcourir, quand il s'agit d'un train à marche rapide ; la suppression du complément de place, lorsque, porteur d'une carte B, on monte en première.

Ce triple droit, qui nous est refusé, est accordé aux porteurs de billets circulaires, qui ont le droit de réclamer, qui peuvent monter dans tous les trains, et auxquels enfin on tient compte du prix versé, quand, porteurs d'un billet circulaire B, ils font une portion du parcours en première classe; dans ce cas on tient compte de 7.50, base du barème, en leur laissant le bénéfice du parcours acquis.

Je demande que nous ayons les mêmes droits.

M. **Fleig.** — Jusqu'ici, dans les explications données, nous avons parlé des abonnements, des billets kilométriques, mais nous n'avons pas parlé des billets à demi-place. Or, actuellement, l'application de ce système est très générale ; il est dès lors naturel que nous demandions toutes les réformes qui nous paraissent nécessaires. C'est pourquoi j'approuve les trois propositions qui viennent d'être faites :

1° Suppression de l'article 2. Nous n'avons pas le droit d'adresser une réclamation, nous, porteurs de cartes à demi-droit, alors que les autres voyageurs l'ont. Or, dans un pays libre, tout le monde doit avoir les mêmes droits.

2° Déclassement. Tous les voyageurs de commerce savent que le temps c'est de l'argent. Il arrive souvent que, pour gagner du temps, nous prenons des trains qui ne contiennent que des premières. Or, on nous fait payer indûment. Nous devons réclamer contre le système du déclassement.

3° Nous demandons le droit de prendre tous les trains à marche rapide.

Nous sommes le principal élément du commerce français et du commerce international, et toutes les faveurs doivent nous être réservées ; au moins devons-nous avoir les mêmes droits que les autres voyageurs.

Demandons beaucoup aux compagnies, ce sera le moyen d'avoir quelque chose. En tout cas nous espérons que le gouvernement actuel pourra nous servir dans notre campagne et dans nos réclamations.

M. **Pacot.** — Je tiens à faire remarquer que nous nous attardons aux vœux accessoires, tandis que les trois premiers vœux avaient une énergie bien plus grande. Nous sommes maintenant engagés dans des questions de détail, d'autant plus qu'elles ne s'appliquent guère qu'à deux réseaux. Si le système de l'abonnement général est adopté, ces vœux auront beaucoup moins de raison d'être. Ne nous attardons pas à dépenser autant d'énergie dans ces questions de détail, puisque nous allons nommer une commission qui les étudiera avec soin.

M. **Jamet.** — Le congrès n'a qu'à émettre un avis favorable, et à renvoyer tous ces vœux à la commission. Nous l'avons déjà répété plusieurs fois.

M. **Rousset.** — Le congrès est réuni non pas seulement pour formuler des propositions qui seront renvoyées à une commission, mais pour émettre des vœux qui seront soumis à qui de droit.

M. **Jamet.** — Je n'ai pas dit que ces vœux ne doivent pas être examinés; j'ai dit que le congrès, en les renvoyant avec avis favorable à la commission, charge par là même cette commission de les soumettre à qui de droit. La commission devra donc se référer aux décisions du congrès. Ce sont donc des vœux fermes.

(Le congrès prend en considération les propositions

de vœux relatives aux cartes de circulation à demi-tarif, et les renvoie à la commission.)

M. **le Président**. — Nous arrivons à la troisième question du programme : Réduction du tarif pour le transport des colis d'échantillons.

Voici le vœu approuvé par la section :

« Le congrès émet le vœu que tout voyageur, porteur d'une carte d'abonnement ou d'un carnet kilométrique, obtienne une réduction pour le transport de ses colis d'échantillons. »

M. **Marneffe**. — Je tiens d'abord à remercier le congrès du vœu de principe qu'il a émis tendant au rachat ou à la reprise des chemins de fer par l'État.

Nous sommes arrivés à la troisième question. Je constate que, ce matin, la section a abondé dans notre sens et a réclamé, comme nous, le droit de faire transporter gratuitement par le chemin de fer 60 kilogr. de colis d'échantillons que nous enverrions où il nous conviendrait. En Belgique, les marchands de lait ont droit à 60 kilogr. de marchandises destinées aux grandes villes. Les marchands de primeurs peuvent également mettre 60 kilogr. de marchandises aux bagages. Enfin les outils des ouvriers sont transportés gratuitement dans les fourgons à bagages.

Eh bien ! les échantillons du voyageur, ce sont ses outils. Provisoirement nous nous contenterons de l'étude faite ce matin, de ce travail consciencieux dont le secrétaire vient de donner lecture. Mais il est évident que nous, voyageurs professionnels, nous avons le même droit que les ouvriers au transport gratuit de nos colis d'échantillons. C'est nous qui apportons le trafic aux chemins de fer : à ce titre, nous pouvons demander que nos colis soient transportés gratuitement.

Cette concession — que je ne considère pas comme une concession, mais comme un droit — cette concession, comme a dit M. Fleig pour le carnet, doit être personnelle et individuelle, et ne doit en aucun cas réduire les appointements, les commissions ou les frais de voyage.

Nous cherchons les moyens d'améliorer notre situation. Nous n'y parviendrons que par une lutte constante, par une cohésion parfaite, en réunissant tous nos efforts et en demandant d'abord ce qui est immédiatement possible, puis, quand l'étude de nos revendications aura été achevée, nous demanderons ce à quoi nous avons droit légitimement. (*Applaudissements.*)

M. **Pentlar.** — Depuis 1852, nous avons obtenu, en Autriche, la réduction des prix de transport des colis d'échantillons, grâce aux efforts de la corporation que j'ai l'honneur de représenter.

Pour obtenir cette réduction, il faut avoir une carte de légitimation délivrée par la Chambre de commerce dont relève la maison. Pour tous les chemins de fer autrichiens, à l'exception des chemins de fer sud-autrichiens, cette réduction consiste en la moitié des frais de transport des bagages ordinaires. Les compagnies transportent les colis d'échantillons d'après le tarif des marchandises expédiées en vitesse, car la franchise n'existe ni pour les bagages ordinaires, ni pour les échantillons.

L'année dernière, les chemins de fer hongrois ont accordé la réduction pour le transport des colis d'échantillons. Les cartes de légitimation sont valables pour obtenir cette réduction sur les chemins de fer hongrois,

Il est remarquable que les voyageurs étrangers bénéficient de la réduction sur les chemins de fer autrichiens et hongrois, pourvu qu'il existe des traités entre leur pays et l'Autriche-Hongrie. Les voyageurs français, par exemple, ont ce droit.

Jusqu'ici, malgré de grands efforts, nous n'avons pu obtenir de réductions pour le transport des colis d'échantillons dans d'autres pays. Notre corporation fut priée par un grand nombre de membres d'adresser aux chemins de fer de l'État serbe une demande en vue d'obtenir cette réduction. Nous nous sommes donné inutilement beaucoup de peine pour obtenir au moins le même droit que pour les bagages ordinaires, car en Serbie les bagages ordinaires sont transportés gratuitement jusqu'à concurrence de 20 kilogrammes, tandis qu'aucune bonification n'est faite pour le transport des échantillons. On se place, en Serbie, à ce point de vue, qu'il ne faut pas accorder de facilités aux voyageurs de commerce, pour qu'ils ne viennent pas en grand nombre dans le pays. Je n'ai pas besoin de dire qu'à mon avis cette opinion est fausse.

Je crois qu'il est avantageux que le congrès étudie la question, afin que plus tard les corporations de chaque grand pays de la fédération internationale soient engagées à une action commune pour obtenir des dégrèvements pour le transport des colis d'échantillons, en faisant valoir cette considération, que les colis d'échantillons ne sont pas des bagages ordinaires, mais un secours indispensable au commerce. (*Très bien! — Applaudissements.*)

M. Reidar-Due. — Comme représentant des sociétés de voyageurs de commerce de Norvège, je me permets de vous faire part des réductions que nous avons obtenues.

Les chemins de fer nous ont accordé une réduction de moitié, sur le transport des colis d'échantillons, sur les prix de grande vitesse.

De plus, en Norvège, nous voyageons beaucoup par bateau. Là nous ne payons rien, le transport de nos colis d'échantillons est gratuit. De plus, les compagnies de bateaux nous ont accordé une réduction de 25 % sur le prix des billets, tandis que les chemins de fer, qui appartiennent à l'État, n'ont pas voulu nous donner de réduction.

Pour obtenir les divers avantages que je viens de signaler, il n'y a qu'à se faire inscrire comme membre d'une de nos sociétés ; les étrangers, comme les Norvégiens, peuvent être inscrits. Venez chez nous, messieurs, vous voyagerez à bon marché, et vous serez les bienvenus. *(Applaudissements.)*

M. **le Président.** — Permettez-moi, mes chers collègues, de remercier nos délégués étrangers, MM. Marneffe, Pentlar et Reidar-Due des renseignements très intéressants qu'ils viennent de nous donner. *(Applaudissements.)*

M. **Bonnet.** — On a dit tout à l'heure que le voyageur porteur d'un carnet kilométrique pourrait obtenir une réduction pour le transport de ses colis d'échantillons. Cette mesure me semble arbitraire. Il serait plus rationnel que ce dégrèvement fût accordé à tout voyageur appartenant à une société ou à un syndicat, ou porteur d'une carte de légitimation que le voyageur pourrait se faire délivrer par la Chambre de commerce ; car on peut être négociant et voyager pour ses affaires, et avoir le même intérêt que les voyageurs, ou bien on peut ne pas être porteur d'un carnet kilométrique à cause de la tournée qu'on a à faire, et qui n'en comporte pas, et cependant, il est aussi important pour celui qui fait une tournée courte, par exemple de Paris à Étampes, de pouvoir emporter beaucoup de colis d'échantillons que pour celui qui fait une grande tournée.

Je demande que le vœu, au lieu de demander la réduction du prix de transport des colis d'échantillons sur le vu du carnet kilométrique ou de la carte, la demande sur le vu de la carte de membre d'un syndicat ou d'une société de voyageurs de commerce, laquelle carte serait vérifiée par les pouvoirs publics, ou sur le vu d'une carte délivrée par le Chambre de commerce.

M. **Maltrana** (Espagne). — Je vous apporte d'abord le salut fraternel et amical des voyageurs espagnols. J'ai été heureux d'être invité à ce congrès, et j'espère que nous pourrons ainsi obtenir ce que nous ne pouvons pas obtenir directement des compagnies de chemins de fer.

Je suis d'accord avec mes collègues sur tous les points votés jusqu'ici. Mais il ne faut pas oublier qu'il y a des voyageurs qui n'ont pas d'échantillons, mais qui, étant en voyage pendant très longtemps, trois mois ou six mois par exemple, ont besoin de transporter des bagages assez lourds, des vêtements, ce qui augmente les frais de voyage. Le congrès pourrait donc émettre un vœu tendant à nous faire obtenir la franchise de 50 kilogr. de bagages pour les voyageurs.

Je désirerais adresser au bureau du congrès une recommandation spéciale, qui aura son effet une fois que nous serons partis. En Espagne, les chemins de fer sont les pires du monde. Mais il faut bien constater qu'ils appartiennent à des compagnies françaises. (*Rires et exclamations.*) La maison Rothschild a plus de la moitié des chemins de fer espagnols, la maison Pereire a le reste. Ces messieurs sont un peu loin de l'endroit où se produisent les réclamations, et ils ne les entendent pas. Je demande au bureau du congrès, une fois que le congrès sera dissous, de prendre la peine d'aller au centre de ces compagnies, et de tâcher d'obtenir pour l'Espagne ce que nous demandons pour tout le monde.

M. le Président. — Je remercie notre collègue de Madrid des renseignements qu'il vient de nous donner et de la recommandation qu'il nous a adressée. Il en sera tenu certainement le plus grand compte. (*Applaudissements.*)

M. Koscziusko. — En ce qui concerne la réduction du prix de transport des colis d'échantillons, notre ami Bonnet m'a devancé, il a dit avec raison que nous devons envisager la question sous toutes ses faces. On a demandé la réduction pour ceux qui pourraient avoir, soit une carte d'abonnement à demi-place, soit un billet circulaire, soit un carnet kilométrique. On a oublié une catégorie importante de voyageurs, ceux qui ne peuvent se procurer une carte d'abonnement à demi-tarif ou un billet circulaire, ceux qui prennent aujourd'hui un billet, demain un autre billet, et qui devraient pouvoir profiter comme les autres de la réduction. C'est évident.

Notre collègue ajoutait qu'il suffirait que le voyageur appartienne à un syndicat ou à une société quelconque, pour pouvoir prouver qu'il a le droit de bénéficier de la réduction. Il pourrait aussi avoir une autre pièce, une carte d'identité attestant qu'il est voyageur de commerce.

Je tiens à signaler au congrès une considération. Il y a surtout une catégorie de voyageurs qui profitera de la réduction que nous demandons, c'est celle des voyageurs à la commission. Il ne faut pas perdre de vue que pour les voyageurs en titre, à appointements fixes, le jour où nous aurions obtenu la réduction sur les frais de transport, il y aura probablement par répercussion une réduction opérée par le patron sur le montant des frais de voyage annuels.

M. **le Président.** — Permettez-moi de résumer la discussion très intéressante qui vient d'avoir lieu.

Nous sommes tous d'accord, à quelque nationalité que nous appartenions, pour réclamer la réduction du prix de transport des colis d'échantillons. Je vous propose dès lors d'émettre le vœu de principe présenté par la section en y ajoutant les mots suivants, pour répondre à l'idée exprimée par MM. Marneffe et Pentlar :

« Qui sont de véritables instruments de travail pour le voyageur de commerce. »

M. **Fleig.** — Nous avons demandé qu'on ajoute les mots « tout voyageur », pour permettre au voyageur qui prend son billet journellement de profiter de la réduction.

M. **Bonnet.** — On pourrait employer la rédaction suivante : « Toute personne voyageant pour ses affaires commerciales et pouvant en justifier ».....

M. **le Président.** — Le vœu tel qu'il est rédigé répond à toutes les hypothèses. Nous pourrions le mettre aux voix avec la légère modification suivante, qui vise tous les cas :

« Le congrès émet le vœu que tout voyageur de commerce, porteur d'un billet de parcours, d'une carte d'abonnement ou d'un carnet kilométrique obtienne une réduction pour le transport de ses colis d'échantillons qui sont de véritables instruments de travail pour le voyageur de commerce ».

M. Rousset.— Pour prévoir tous les cas on pourrait dire : « Tout voyageur ou toute personne munie d'une carte d'abonnement ou d'une carte de circulation à demi-place »....

M. Mesplé. — Il s'agit d'avoir une carte de légitimation certifiant qu'on est commerçant. Peu importe le billet qu'on a.

M. Marneffe.— On joue sur les mots en parlant de tickets, coupons, billets ou autre chose semblable. Il suffit d'employer le mot « échantillons ». Dès lors que vous vous présentez avec des échantillons, c'est là-dessus que vous obtenez la réduction.

M. Kosciusko. — Il faut tout prévoir. Il y a un grand nombre de voyageurs qui voyagent avec une malle dans laquelle il n'y a que des vêtements et qui peut dépasser le poids de 30 kilogs. Pourquoi ces voyageurs ne bénéficieraient-ils pas de la réduction comme ceux qui ont des échantillons ? J'estime dès lors qu'il n'est pas nécessaire de mettre le mot « échantillons ». Le mot « bagages » est suffisant, dès lors que vous démontrez que vous êtes voyageur de commerce.

M. le Président. — Je suis obligé de mettre aux voix d'abord le vœu de M. Kosciusko qui demande la suppression du mot « échantillons ».

M. Cabeke.— Nous ne pouvons pas entrer dans les idées de M. Kosciusko, car alors les compagnies et les États qui exploitent les chemins de fer ne nous accorderont rien du tout. Si vous demandez la réduction pour les colis contenant des vêtements, on vous répondra que les touristes qui voyagent avec des wagons de bagages profiteront de la réduction. Nous ne devons demander le dégrèvement que sur les colis d'échantillons.

M. **Fleig**. — Nous demandons à pouvoir transporter des colis d'échantillons, c'est-à-dire des marchandises qui doivent être divisées, qui doivent être produites à la clientèle en vue de vendre de la marchandise. Les compagnies de chemins de fer, — je suis au regret de vous le dire, — ne vous accorderont jamais une réduction sur le tarif des transports de bagages. Vous avez en France la franchise pour 30 kilogs ; vous n'aurez jamais davantage. Mais s'il s'agit de parler commerce, si vous signalez l'intérêt qu'il y a à dégrever les colis d'échantillons, je suis persuadé que vous obtiendrez la réduction.

La question nous intéresse surtout au point de vue national, car dans les pays étrangers il n'y a pas ou il y a peu de franchise.

Vous devez, il me semble, ne parler que des colis d'échantillons. Sans doute il y a des voyageurs qui ont une malle pesant 30 ou 40 kilogr., et dans laquelle ils placent parfois des colis d'échantillons. Mais il est incontestable que, lorsque votre malle pèse par exemple 33 kilogr., vous savez très bien retirer quelque chose pour le porter avec vous et ne pas avoir d'excédent à payer.

J'estime que nous devons borner notre réclamation aux colis d'échantillons pour aboutir à un résultat utile.

M. **Koscziusko**. — Je ne pense pas que les compagnies refusent d'accorder la réduction parce que nous aurons mis dans notre vœu le mot « bagages » au lieu du mot « échantillons », puisque nous demandons en même temps la justification de la qualité de voyageur de commerce.

M. Marneffe. — Depuis trois ans, en Belgique, nous aurions pu obtenir la réduction du tarif de transport de nos colis. Ce qui retient l'État belge, c'est qu'il ne parvient pas à faire la distinction entre les échantillons et les bagages ordinaires. Nous avons indiqué à l'administration des chemins de fer belges, différents systèmes pour contrôler ce que sont les échantillons. Parmi les voyageurs, il y en a qui transportent des marchandises comme de la bijouterie, de la chapellerie, mais ils bénéficient d'un tarif de faveur pour l'expédition de ces marchandises.

L'État, et surtout les compagnies, doivent arriver à équilibrer leur budget. Je crois qu'il y a danger à ne pas indiquer dans le vœu qu'il s'agit des échantillons.

Je puis donner un autre exemple de l'importance de l'observation que j'apporte. En Belgique, nous avons le service dominical. Le dimanche, on ne transporte aucune marchandise, et on ne transmettait pas davantage autrefois les colis d'échantillons. Nous avons réclamé, et on nous a répondu : « Mettez sur votre caisse les mots : colis d'échantillons, et elle sera remis à domicile le dimanche matin avant 9 heures pour que vous puissiez travailler. »

Commencez par ce qui est pratique, et surtout ne vous intéressez pas tant aux personnes qui ont de grandes armoires à linge, des costumes multiples. Pour ma part je n'en ai que deux, un pour le dimanche et l'autre pour la semaine. J'ai vu dernièrement à Verviers, qui est éloigné de Bruxelles de 135 kilomètres, un monsieur très chic, un Anglais, qui faisait enregistrer 100 kilogs de bagages pour Londres, qui les faisait ainsi voyager jusqu'à Ostende, et là prenait le bateau : il a payé 1 fr. 80, tandis qu'avec mes 80 kil. de colis d'échantillons pour Bruxelles, j'ai payé 4 fr. 80.

Occupez-vous seulement des colis d'échantillons. Les travailleurs n'ont pas besoin de faire tant de toilette, pourvu qu'ils soient convenablement vêtus. Restons dans la sphère de nos intérêts pour la défense desquels nous sommes réunis.

M. **le Président.** — Je mets aux voix la suppression du mot « échantillons. »

(Cette suppression n'est pas adoptée.)

M. **le Président.** — Je mets aux voix le vœu proposé par la section :

« Le congrès émet le vœu que tout voyageur porteur d'un billet, d'une carte d'abonnement ou d'un carnet kilométrique obtienne une réduction pour le transport de ses colis d'échantillons qui sont de véritables instruments de travail pour le voyageur de commerce. »

Le vœu est adopté à l'unanimité moins trois voix.

M. **le Président.** — Voici un autre vœu de M. Jauréguiber.

« Le congrès émet le vœu que le taux de 30 kilogr. de bagages accordé à tous les voyageurs soit porté à 60 kilogr. pour tout voyageur pouvant justifier de sa qualité de voyageur de commerce. »

Je dois faire remarquer que ce matin la majorité paraissait d'avis de ne pas spécifier le poids.

Voici un autre vœu de M. Mesplé dans le même ordre d'idées :

« Le congrès émet le vœu que tout voyageur muni d'une carte de légitimation délivrée suivant la forme ordinaire par les chambres de commerce jouisse d'une réduction de 50 o/o sur le transport des bagages. »

M. **Mesplé.** — Je le retire.

M. **Marneffe.** — Je crois qu'il s'agit d'une question différente. Autre chose est de demander une réduction de 50 o/o pour le transport des échantillons, et autre chose de demander qu'on porte de 30 à 60 kilogr. la franchise en matière de bagages. Je crois que, pour ce dernier vœu, on pourrait se contenter de demander que la franchise soit portée de 30 à 50 kilogs seulement.

M. **le Président**. — Pour tous les voyageurs?

M. **Maltrana.** — Pour les voyageurs de commerce seulement.

(Le vœu de M. Jauréguiber est adopté avec la modification proposée par M. Marneffe.)

M. **le Président.** — Je mets aux voix le vœu suivant :

« Le congrès émet le vœu que tout voyageur porteur d'un billet, d'une carte d'abonnement ou d'un carnet kilométrique puisse, sur la présentation de son titre, expédier ses bagages dans toutes les directions. »

(Le vœu est adopté à l'unanimité.)

M. **le Président.** — Nous arrivons au 4e paragraphe: Indemnités réglementaires, responsabilité des transporteurs de toute nature.

M. **Jamet.** — Adoptant les conclusions du rapport de M. Breissac, nous avons demandé que les actions en responsabilité des transporteurs, en cas d'accidents survenus par la faute du transporteur, et en ce qui concerne l'estimation du préjudice causé, cessent d'être portées devant les tribunaux de commerce et relèvent de la compétence du juge de paix de la localité dans laquelle l'accident est arrivé. Ceci provisoirement, en attendant la création de la juridiction des prud'hommes commerciaux.

Voici le vœu que nous avions préparé :

« Le congrès émet le vœu que les questions d'indemnité et de responsabilité des transporteurs de toute nature soient tranchées à l'avenir par le juge de paix du lieu de l'accident, et plus tard, lorsque les prud'hommes commerciaux seront institués, par les prud'hommes commerciaux de la localité la plus voisine. »

M. **Malagié.** — On me fait observer avec raison que le chef de gare fera traîner les choses en longueur et vous fera perdre beaucoup plus de temps qu'avec le système actuel.

M. **Bonnet.** — Je crois qu'il serait préférable que la question fût tranchée par le juge de paix, et plus tard par les prud'hommes commerciaux de la localité où réside le voyageur, plutôt que par le juge de paix de la localité où l'accident est arrivé. En effet, avec ce dernier système, le voyageur sera astreint à un déplacement et à une perte de temps. Au contraire, dans la localité de sa résidence le dérangement sera moindre.

M. **Kosciusko.** — Un de nos collègues a dit tout à l'heure que le chef de gare fera traîner les choses en longueur et que le système actuel est préférable. Je crois qu'il se trompe. Je ne suis pas non plus de l'avis de notre collègue Bonnet, quand il dit qu'il vaut mieux que le procès ait lieu dans la localité où habite le voyageur. Si l'accident est arrivé à Bordeaux et que vous habitiez Paris, il sera plus facile de vider le différend dans la ville où a eu lieu l'accident si vous n'êtes qu'à deux ou trois heures de chemin de fer.

Un membre. — Le voyageur peut faire constater l'avarie par le chef de gare ; il continuera sa route et, une fois rentré chez lui, il pourra assigner la compagnie sur n'importe quel point du réseau.

Un membre. — Ce système est encore imparfait, car l'accident peut être arrivé sur un réseau, alors que le voyageur habite sur le territoire d'un autre réseau. Il vaut donc mieux permettre au voyageur d'assigner la compagnie devant le juge de paix de sa résidence.

M. Jamet. - Le point principal, c'est la substitution de la compétence du juge de paix à celle du tribunal de commerce. Quant à la compétence locale, c'est un point secondaire. Je crois en effet qu'il vaut mieux que le voyageur puisse assigner la compagnie devant le juge de paix du lieu de sa résidence.

M. Manau. — Vous perdez de vue, en demandant un changement de compétence, que la compétence du juge de paix ne s'étend qu'à une somme limitée. Si la perte est plus considérable, vous n'obtiendrez rien.

M. Jamet. — En demandant la juridiction du juge de paix, nous demandons en même temps l'extension de sa compétence, pourvu qu'il s'agisse d'un accident provenant du fait du transporteur. Nous compléterons le vœu en ce sens.

M. le Président. — On me demande quelques explications. Ce vœu sera examiné par le législateur au point de vue de la compétence. Il vaudrait mieux peut-être que le différend fût tranché par le juge de paix de la localité où s'est produit l'accident, car, si une avarie arrive à mon bagage à Lyon et que j'habite à Lille, je ne pourrai pas assigner la compagnie de P. L. M. devant le juge de paix de Lille, elle invoquera l'incompétence.

Il est difficile d'entrer dans tous ces détails et de tracer des règles précises. Contentons-nous de voter le principe et, si notre vœu est réalisé, nous pourrons être satisfaits.

M. **Bonnet.** — Je demande que le voyageur puisse assigner la compagnie dans une des gares de son réseau à son choix.

M. **Jamet.** — Je me rallie à l'observation de notre président. Votons le principe de la substitution de la compétence du juge de paix à celle du tribunal de commerce, en attendant l'institution des prud'hommes commerciaux.

M. **le Président.** — Voici le vœu dans la rédaction définitive qui est proposée :

« Le congrès émet le vœu que les questions d'indemnités et de responsabilité des transporteurs de toute nature soient tranchées par le juge de paix, à n'importe quel taux, sauf appel, et plus tard, lorsque les prud'hommes commerciaux seront institués, par les prud'hommes commerciaux.

Le voyageur pourra assigner à son choix dans une des gares du réseau. »

(Le vœu est adopté à l'unanimité.)

M. **Dutertre.** — Je propose au congrès d'émettre le vœu suivant :

« Le congrès émet le vœu que toute infraction aux conventions et règlements établis par les compagnies de chemins de de fer et relative au transport de voyageurs soit à l'avenir soumise à la juridiction du juge de paix au lieu d'être envoyée aux tribunaux correctionnels, comme cela existe actuellement. »

M. le Président. — A l'heure actuelle les infractions aux règlements des chemins de fer relèvent de la police correctionnelle et la condamnation reste inscrite au casier judiciaire pendant un certain temps. Notre collègue demande qu'elles relèvent du tribunal de simple police.

M. Descazeaux.—Tout cela a un rapport direct avec le contrôle des billets qui est un droit arbitraire que s'arrogent les compagnies de chemins du fer. Il y a des cas où l'on résiste en manière de protestation, d'autres où l'on pèche par ignorance. Pour des infractions insignifiantes ou des protestations légitimes, on est conduit en police correctionnelle.

(Le vœu est adopté à l'unanimité.)

M. le Président. — Nous en venons au cinquième paragraphe : Transport à prix réduits sur les chemins de fer urbains et suburbains et dans les tramways, au même titre que les ouvriers, sans réglementation de train ni d'heure.

Voici le vœu proposé :

« Le congrès émet le vœu que les compagnies transportent les voyageurs et représentants de commerce à prix réduit sur les chemins de fer urbains et suburbains et dans les tramways, au même titre que les ouvriers, sans réglementation de train ni d'heure. »

Ce vœu est présenté par l'Union syndicale des employés et représentants de commerce parisiens.

M. Richard. — Je demande qu'on ajoute au vœu les chemins de fer économiques et départementaux.

(Le vœu est adopté à l'unanimité avec l'addition proposée par M. Richard.)

M. **le Président**. — Voici un autre vœu :

« Le congrès émet le vœu que les municipalités ou l'État rachètent les monopoles accordés aux compagnies urbaines ou suburbaines de transports en commun. »

Ce vœu est la conséquence toute naturelle de celui que nous avons émis en ce qui concerne la reprise des chemins de fer par l'État. Il s'applique aux omnibus et aux tramways.

(Le vœu est adopté à l'unanimité.)

M. **le Président**. — Sixième paragraphe : Abaissement des tarifs postaux, télégraphiques et téléphoniques. Il y a d'abord une proposition de M. Millou :

« Abaissement des cartes postales à 5 centimes ;

Abaissement des lettres à 10 centimes jusqu'à 15 grammes, à 15 centimes de 15 à 50 grammes, à 20 centimes de 50 à 100 grammes, et ainsi de suite en ajoutant 5 centimes par 50 grammes ou fraction de 50 grammes ;

Abaissement des télégrammes de 10 mots à 30 centimes, de ceux de 15 mots à 50 centimes, l'adresse ne comptant jamais que pour deux mots. »

(Le vœu est adopté.)

M. **Pacot**. — Plusieurs collègues ont émis l'idée de l'abonnement téléphonique. Il serait délivré des cartes téléphoniques à prix réduit qui permettraient de communiquer de tout endroit. Le prix de la communication serait abaissé de 30 à 15 centimes.

M. **Rousset**. — Le paragraphe en ce moment en discussion intéresse l'ensemble des citoyens français et non pas seulement les représentants et voyageurs. Nous devons donc ne pas indiquer dans nos vœux qu'il ne s'agit que des voyageurs et représentants de commerce.

M. **Jamet**. — Bien entendu. Nous faisons simplement remarquer que, toutes les fois qu'on fait du gros, on a droit à une réduction. Or quand on parle 100 fois par jour dans le téléphone, on a droit à une réduction, qu'on soit voyageur, représentant, ou non.

M. **le Président**. — Je mets aux voix le vœu relatif à la création des cartes d'abonnement téléphonique à 15 centimes.

(Adopté.)

Vœu proposé par M. Rault, de Rouen :

« Le congrès exprime le vœu qu'il soit délivré des cartes imprimées annonçant l'avis de passage sous bande à un centime. »

(Adopté à l'unanimité.)

Vœu de M. Vizet, de Reims :

« Le congrès émet le vœu que les compagnies de chemins de fer mettent à la disposition du public le télégraphe dans les localités qui n'ont pas de bureau télégraphique. »

(Adopté à l'unanimité.)

Vœu proposé par M. Pacot :

« Le congrès prie le ministre compétent d'étudier la création d'une carte d'abonnement téléphonique à prix réduit. »

(Adopté à l'unanimité moins une voix.)

M. **le Président**. — Il nous reste à nommer la commission relative à la fédération internationale.

M. **Brochard**. — Le programme de la séance d'hier n'a pas été rempli en entier. Je demande que les vœux proposés par la 1re section soient mis en tête de la séance plénière de demain.

M. **Kosczlusko.** — Je demande qu'on nomme dès maintenant les membres des commissions des fédérations nationale et internationale, afin que ces commissions puissent se réunir demain matin et apporter leurs conclusions dans la séance générale de l'après midi, et que le congrès puisse aboutir à un résultat ferme.

De plus je demande qu'il soit nommé une commission chargée d'examiner les détails d'application des vœux que nous avons émis en ce qui concerne les transports.

M. **Dutertre.** — Il est bien entendu que les commissions qui seront chargées d'étudier les projets de fédération nationale et internationale n'auront qu'à préparer des statuts, qu'au contraire la commission qui examinera les vœux émis par le congrès en ce qui concerne les transports sera un comité exécutif chargé de poursuivre la réalisation de ces vœux. C'est du reste ce qui se fait dans tous les congrès, c'est ce qui a été fait en 1889, 1890, et à Bruxelles, en 1897.

M. **Kosczlusko.** — Je propose que la commission de la fédération ne soit qu'une commission provisoire.

M. **Jamet.** — En ce qui concerne la commission exécutive chargée d'examiner les vœux relatifs aux questions de transports et de les faire aboutir, il faut, non pas seulement désigner des collègues, mais demander à ceux des camarades qui sont résolus à s'en occuper de faire partie de cette commission, afin que les revendications soient rapidement et énergiquement poursuivies. (*Très bien!*)

(M. **Louis Ricard,** député de la Seine-Inférieure, ancien garde des sceaux, entre dans la salle des séances.)

M. **le Président.** — Mes chers collègues, j'ai l'honneur de vous présenter M. Louis Ricard, député de la Seine-Inférieure, président de la commission d'assurances et de prévoyance sociales à la Chambre des députés, qui veut bien assister à la fin de notre séance. En votre nom à tous, je lui souhaite la plus franche et la plus cordiale bienvenue. (*Vifs applaudissements.*)

(Le congrès décide que la commission de la fédération nationale sera composée de 9 membres français auxquels seront adjoints 6 membres étrangers pour composer la commission de la fédération internationale). MM. ROCHE, président de la séance, et JAMET, secrétaire général du congrès, feront de droit partie des deux commissions.

Sont élus :

Membres français : MM. CILLIÉ (de Paris), COUSIN (de Saintes), CROSNIER (de Paris), DECAUX (de Toulouse), KOSCZIUSKO (de Paris), LAUR (de Vanves), PELLION (de Saint-Etienne), ROUSSET (d'Orléans), WALTER (de Paris).

Membres étrangers : MM. PILTZ (de Leipzig, Allemagne), PENTLAR (de Vienne, Autriche), MALTRANA (de Madrid, Espagne), PEIFFER (de Luxembourg), REIDAR-DUË (de Christiania, Norvège), NADAL (de Bienne, Suisse).

M. le Président. — Nous avons à nommer la commission technique.

Un membre. — La commission d'organisation du congrès pourrait être constituée en commission technique.

M. Dutertre. — Avec mandat de poursuivre non seulement la réalisation des vœux relatifs aux transports, mais tous les vœux émis par le congrès.

M. Pacot. — Il me semble que la commission exécutive est déjà débordée. On pourrait mettre dans la commission des transports les membres du congrès qui ont déposé des propositions et qui, dès lors, sont mieux qualifiés pour les faire aboutir.

Sont nommés membres de la commission des transports:

MM. MESPLÉ (de Condom), PACOT (de Chatillon-sur-Seine), HENRIET (de Marseille), COUSIN (de Saintes), FLEIG (de Paris).

M. **le Président**. — Je reçois une proposition de vœu de M. Rault, de Rouen.

« Le congrès appelle l'attention des pouvoirs publics sur le mauvais état du matériel de la compagnie de l'Ouest, qui met en marche des machines en mauvais état et compromet la sécurité des voyageurs, ainsi que le prouvent les accidents de Petit-Couronne, etc., en 1898, et les cas de détresse des trains comme celui de Bures, le 1er décembre 1899.

Nous pourrions adopter le vœu, mais en le généralisant.

M. **Rault**. — Je tiens à signaler qu'un de nos collègues a été blessé dans l'accident que nous indiquons, et qu'il n'a dû d'obtenir une indemnité qu'à l'intervention active de notre société et de M. Ricard, député de la Seine-Inférieure. (*Vifs applaudissements.*)

(Le vœu est pris en considération.)

M. **le Président**. — Voici une proposition de M. Montalant :

« Le congrès émet le vœu que le ministre compétent s'émeuve enfin des revendications présentées par les voyageurs de commerce au sujet des dégrèvements en matière de tarifs de chemins de fer et qu'il y apporte un effet pratique dans le plus bref délai possible. »

(Le vœu est pris en considération.)

M. **Richard**. — Je désirerais que le congrès adressât ses félicitations à M. Louis Ricard pour le dévouement qu'il a apporté à la cause de notre collègue Huvet, qui a eu des difficultés avec la compagnie de l'Ouest. (*Vifs applaudissements.*)

M. **le Président**. — Je crois pouvoir dire que ces remerciements sont votés par acclamation. (*Applaudissements.*)

M. **Louis Ricard**, député, ancien garde des sceaux. — Messieurs, je vous remercie beaucoup des marques de sympathie que vous voulez bien m'adresser. J'aurais désiré venir plus tôt pour participer à vos travaux, j'en ai été empêché, et je suis arrivé fort tard, pas trop tard cependant, puisque je viens de recevoir de vous des marques de sympathie et d'attachement, auxquelles, je vous l'assure, je suis fort sensible.

Il y a longtemps que je suis associé aux travaux des voyageurs de commerce. J'ai eu l'honneur d'être, je crois, l'un des premiers appelés à la présidence d'honneur de la grande Société des voyageurs de commerce de la Seine-Inférieure. Cette société prospère, elle grandit, et je crois que des congrès comme celui-ci ne pourront que rendre de grands services à la fois aux sociétés de voyageurs de commerce et à la corporation.

Vous ne devez pas vous borner à émettre des vœux platoniques. Nous, qui sommes quelquefois appelés à porter la parole en votre nom, nous ne pouvons agir, nous ne pouvons obtenir de résultat que lorsqu'on nous donne le moyen de matérialiser ces vœux.

J'entendais tout à l'heure — peut-être, assurément

même, vous avez avant mon arrivée émis des vœux de nature plus precise et s'il en est ainsi, je m'excuse de l'observation que je vais présenter — j'entendais la lecture d'un vœu tendant à obtenir des pouvoirs publics la modification des prix de transport des voyageurs. C'est une question très vaste, dont j'ai eu l'occasion de m'entretenir souvent avec les différents ministres des travaux publics. Elle comporte notamment la création du carnet kilométrique, qui est cher à quelques-uns d'entre vous, je le sais. Mais elle a besoin d'être étudiée tout à fait à fond, et l'on m'a dit que, peut-être une fois résolue, vous pourriez ne pas avoir entièrement satisfaction. Mais en tout cas je voudrais que, dans l'intérêt des voyageurs de commerce qui sont appelés à parcourir tous les jours nos voies ferrées, vous nous indiquiez d'une façon très précise quels sont vos desiderata, afin que nous puissions les examiner et les défendre. Il ne suffit pas d'émettre des vœux; il est très facile d'émettre des vœux, mais quand il s'agit de les réaliser, de les lancer dans la circulation, on rencontre des difficultés, et les gens qui ne sont pas, comme vous, initiés à tous les détails de votre profession se heurtent à des objections auxquelles ils ne sont pas en mesure de répondre.

L'utilité principale des congrès, à mon avis, est de permettre à ceux qui sont de la même corporation de se sentir les coudes, de lier des relations d'amitié dont ils retirent plus tard tous les avantages. Mais surtout, permettez-moi ce conseil, votre congrès doit avoir pour objet, comme tous les congrès, d'étudier en commun et d'une façon précise et pratique, en les traduisant sur le papier, les desiderata que vous voulez transmettre aux pouvoirs publics et à ceux qui sont, en très grand nombre, sympathiques à votre cause, afin de faire aboutir les revendications formulées.

Nous n'avons pas l'espérance de les faire toutes aboutir. Il faut sérier les difficultés. Je ne suis pas de ceux qui prétendent qu'on peut obtenir d'un seul coup toutes les améliorations désirables. Je crois qu'il faut prendre d'abord celles qui paraissent les plus importantes, les étudier et tâcher de les faire aboutir. Puis, lorsqu'on a obtenu satisfaction sur un point, il faut porter son effort sur une seconde amélioration et, cette seconde amélioration obtenue, porter son effort sur une troisième.

C'est en cela que vos réunions peuvent être très utiles. Je suis très heureux que vous m'ayez permis de manifester mes sentiments à ce sujet, et je serai plus heureux encore, si vous voulez bien suivre les conseils que je me permets de vous donner. (*Vifs applaudissements.*)

M. **le Président**. — Je crois être l'interprète des membres du congrès en remerciant l'honorable M. Ricard de l'intérêt qu'il veut bien nous porter, et en l'assurant que nous suivrons les conseils qu'il veut bien nous donner. (*Très bien!*) Nous avons voté tout-à-l'heure un vœu de principe demandant la création du carnet kilométrique, nous avons pris en considération un certain nombre de propositions de détail concernant l'application de ce principe. La commission technique qui a été nommée aura à examiner ces diverses propositions, puis la commission exécutive présentera des projets ainsi précisés aux pouvoirs publics. J'ose espérer que nous pouvons compter sur la haute influence de M. Ricard pour patronner nos projets et les faire aboutir. (*Très bien! — Applaudissements.*)

M. **Louis Ricard.** — Les patronner, oui ; les faire aboutir?...... J'y ferai mes efforts. (*Très bien!*)

La séance est levée à cinq heures et demie.

SÉANCE GÉNÉRALE

MERCREDI 11 JUILLET 1900

Présidence de M. Roche

Vice présidents : MM. **Nesbitt** (Australie), **Niederlein** (États-Unis) et **Vitale** (Italie).

Secrétaire : M. **Figeac**.

Vœux de la première section : patente, prud'hommes commerciaux (MM. Brochart, Crespel, Marneffe, Roger, Kosciusko, Walter), privilège en cas de faillite. Adresse de la Société des voyageurs de commerce de Hongrie. Observation de M. Blanche sur le vœu demandant la suppression des patentes pour les représentants de commerce. — Troisième question : Économie politique. Vœux proposés par la 3e section. 1° Mutualité, secours mutuels, maison de retraite (MM. Jamet, Figeac, Maltrana, Kosciusko). 2° Caisses de retraite et de secours pour veuves et orphelins (MM. Laran, Ramey, Cillié), création d'hôtels corporatifs (MM. Léger, Crosnier, Jamet, Bonjean, Kosciusko). — Allocution de M. Millerand, ministre du commerce et de l'industrie. — Vœux en faveur de la création de sociétés de mutualité (MM. Crespel, Léger, Kosciusko, Bonjean) et de caisses de secours pour les veuves, orphelins et héritiers (MM. Rault, Figeac, Malagié) et de l'augmentation avec l'aide de l'État des pensions de retraite (MM. Figeac, Cillié). Communication de M. Pentlar, sur le *Verein reisender Kaufleute Œsterreich-Ungarns*. Vœu sur la participation aux bénéfices (MM. Guey, Kosciusko). Vœu pour l'encouragement du commerce à l'étranger, l'enseignement des langues vivantes, etc. (MM. Béon, Marneffe, Rault). Vœu en faveur d'une taxation progressive des grands magasins

(MM. Laran, Léger, Marnelfe, Kosciusko). Vœux divers. — Rapport de M. Cousin sur la création d'une fédération nationale; statuts proposés; discussion (MM. Loubet, Kosciusko, Bonjean, Mesplé, Jamet, Cillié, Dutertre); élection du secrétaire général (M. Millou) et du trésorier (M. Dutertre) de la fédération. — Rapport de M. Walter sur la fédération internationale; statuts proposés; élection du secrétaire général (M. Jamet) et du trésorier (M. Guey) de la fédération internationale. — Clôture du congrès

La séance est ouverte à deux heures vingt minutes.

M. **le Président**. — Pour procéder par ordre et ne rien laisser en arrière, nous allons revenir sur les vœux proposés par la première section et qui n'ont pas été étudiés dans la séance générale d'avant-hier.

« Le congrès émet le vœu que la patente réclamée aux voyageurs à l'étranger, patente n'existant pas en France, soit supprimée pour favoriser les relations internationales. »

(Le vœu est adopté à l'unanimité moins trois voix.)

« Le congrès adopte et appuie la création de prud'hommes commerciaux composés de voyageurs ou représentants de commerce et de patrons par parties égales, telle qu'elle vient d'être adoptée au conseil supérieur du travail ».

M. **Crespel**. — Il y a une lacune. Vous ne parlez pas des tribunaux d'appel.

M. **Roger**. — Ils sont compris dans le vœu. Le conseil supérieur a prévu les prud'hommes d'appel.

M. **Brochart**. — Je n'ai pas besoin de dire que je suis partisan des prud'hommes commerciaux, puisque j'ai fait un rapport sur la question. Mais je désire présenter une observation qui me paraît importante.

La commission du travail a l'intention de déposer un projet de loi sur les prud'hommes commerciaux. Or la Chambre des députés a par deux fois voté une loi des plus libérales sur les prud'hommes commerciaux; le Sénat a rejeté cette loi une première fois. Je crains qu'il n'en soit encore de même cette fois-ci.

J'ai demandé et je demande encore que les sociétés adhérentes veuillent bien provoquer dans leur région un pétitionnement sérieux en faveur de cette loi. La pétition serait envoyée à la commission qui serait ainsi appuyée dans ses revendications auprès des pouvoirs publics. Nos collègues de province pourraient aussi faire une pression sur les sénateurs de leur région pour les amener à voter la loi.

J'émets donc le vœu que les sociétés adhérentes veuillent bien appuyer la commission exécutive dans ses revendications, et notamment en ce qui concerne la création des prud'hommes commerciaux.

M. **Jamet**. — Le syndicat dont j'ai l'honneur d'être le secrétaire a créé ce pétitionnement depuis trois ans déjà. Du reste, voici des feuilles de signatures.

M. **le Président**. — L'idée est excellente. Je vois qu'il a été déjà répondu au vœu de M. Brochart, car je trouve sur le bureau une pétition en faveur de la création des prud'hommes commerciaux déjà signée par plusieurs de nos collègues. Nous ne pouvons qu'engager nos adhérents à imiter cet exemple.

Je dois du reste faire remarquer que, lorsque la loi, après avoir été adoptée par la Chambre des députés, a été repoussée par le Sénat, les deux Chambres étaient en désaccord. Je ne dis pas qu'elles soient toujours d'accord en ce moment, mais il y a un trait d'union, le Conseil supérieur du travail. Les projets précédents n'avaient pas été examinés par cette assemblée. Le projet actuel vient au contraire d'être examiné par ce puissant organe. Il y a donc beaucoup de chances pour que le Sénat cette fois l'accepte, comme la Chambre l'a déjà fait antérieurement.

M. **Crespel**. — Je viens plaider en désespoir de cause mais j'ai l'habitude de dire ma façon de penser pleine et entière.

Nous sommes unanimes à demander qu'il soit adjoint aux Conseils de prud'hommes une Chambre composée mi-partie de voyageurs et mi-partie de patrons. Mais par qui sera jugé l'appel? On me répond : par une Chambre composée de même façon. Je crains que sur ce point vous n'obteniez pas satisfaction, car d'ordinaire un tribunal d'appel est composé d'éléments supérieurs à ceux qui composent le tribunal de première instance et c'est pourquoi à l'heure actuelle la juridiction d'appel pour les jugements émanés des conseils de prud'hommes est le tribunal de commerce.

En Belgique, nous n'avons pas à nous plaindre de notre tribunal d'appel; les tribunaux de commerce sont composés de commerçants; mais notre législation diffère de la vôtre sur ce point : nous n'avons pas ces nomenclatures dans lesquelles on se perd, nous n'avons que deux catégories, voyageurs et patrons. Les 4 Chambres du tribunal de commerce de Bruxelles sont composées de 48 juges parmi lesquels la moitié au moins font partie de la société des voyageurs de commerce; ce tribunal est chez nous d'essence démocratique, et nul ne cherche à se soustraire à cette juridiction d'appel.

Je dépose donc la proposition suivante : « En matière d'appel des jugements des conseils de prud'hommes, le tribunal de commerce reste compétent. »

M. **Marneffe**. — Je comprends très bien que M. Crespel, qui est juge consulaire, vienne défendre l'institution dont il fait partie. M. Delannoy, président du tribunal de commerce de Bruxelles, avait soutenu la même idée au congrès de 1897, mais il avait les mêmes raisons que M. Crespel. Il faut rendre hommage à ceux qui soutiennent les idées qu'ils croient justes. (*Très bien!*)

En 1897, j'ai soutenu contre M. Delannoy la thèse contraire, je viens la soutenir aujourd'hui encore contre l'honorable président de la société dont je suis le délégué.

Il est juste que dans une cause d'arbitrage les parties soient également représentées : entre loyaux adversaires on peut toujours arriver à une entente loyale. M. Hector Denis, professeur à l'Université de Bruxelles, a exposé au congrès de 1897 une thèse dont nous étions partisans, celle d'une cour d'appel. Et, comme M. Hector Denis s'est surtout occupé de jurisprudence et d'économie sociale, il a demandé que l'appel soit également porté devant une cour composée des parties intéressées. Ce ne sont plus les mêmes hommes, ce sont d'autres juges qui peuvent comprendre la cause après une étude approfondie. De sorte que, si on découvre après le premier jugement un argument oublié ou inconnu, les juges d'appel sont aptes à en apprécier l'importance et à réformer le premier jugement.

L'année dernière, dans le comité de revision de notre règlement, nous avons été d'accord pour admettre une cour supérieure arbitrale. Notre conseil d'administration est composé de membres de la société élus au suffrage universel ; la cour supérieure est également composée de membres de la société qui peuvent également juger la cause. Ce sont toujours les mêmes juges.

M. **Crespel**. — Non ! Le président et le vice-président sont changés.

M. **Marneffe**. — M. Roche nous a donné comme exemple le Conseil supérieur du travail également composé mi-partie de patrons et de délégués ouvriers, et de certaines autorités consulaires ou de magistrats qui viennent donner leur avis dans les questions relevant de la plus haute autorité. Cette solution est seule logique, il ne faut pas craindre de l'accepter. Il faut faire juger par des hommes compétents les questions de métier.

Je demande donc le vote de l'ordre du jour proposé par la section.

M. **Roger**. — C'est ce que nous avons dit. Nous disons « tel qu'il vient d'être adopté par le Conseil supérieur du travail dans sa séance du 14 juin ». Cette assemblée a préconisé la création d'un tribunal de prud'hommes commerciaux, et d'un tribunal d'appel composé aussi mi-partie d'employés et d'employeurs, présidé par le juge de paix. Cette solution donne satisfaction à tout le monde.

M. **Kosciusko**. — Le Conseil supérieur n'a pas admis la présidence du juge de paix.

Dans la réunion de la section, M. Roche avait proposé la présidence du juge de paix. Mais nous avons fait remarquer que, dès lors que le premier tribunal était composé mi-partie d'employés et d'employeurs, avec la présidence à tour de rôle d'un employé et d'un patron, il était naturel que le tribunal d'appel fût composé de la même façon.

Il est inutile de rappeler les arguments que j'ai fait valoir, en faisant observer que le juge de paix est naturellement plus rapproché des patrons.

M. le Président. — Je mets d'abord aux voix le vœu de principe :

« Le congrès émet le vœu qu'il soit institué des prud'hommes commerciaux. »

(Adopté à l'unanimité.)

M. le Président. — M. Crespel propose de laisser au tribunal le soin de juger en appel.

M. Crespel. — C'est en qualité de délégué belge que j'ai fait ma proposition. Si j'étais délégué français, je voterais des deux mains votre proposition. Mais, au point de vue de la loi belge, je dis que dans ces conditions nous n'aurions aucune chance d'aboutir.

M. le Président. — Je mets aux voix la rédaction suivante :

« Le tribunal d'appel sera composé mi-partie d'employés et mi-partie d'employeurs. »

(Adopté à l'unanimité.)

M. le Président. — Le président sera-t-il un employé ou un employeur à tour de rôle ou sera-ce le juge de paix ?

Je mets aux voix la proposition tendant à conférer la présidence au juge de paix.

La proposition est repoussée à l'unanimité.

M. le Président. — Je mets aux voix la proposition avec la rédaction suivante :

« Le congrès adopte et appuie la création de prud'hommes

commerciaux composés de patrons et de voyageurs ou représentants de commerce par parties égales, le tribunal d'appel étant composé de même façon. »

(Adopté à l'unanimité.)

M. **Walter**. — M. Ricard nous disait hier avec raison qu'il ne suffisait pas d'émettre des vœux, mais qu'il fallait savoir les faire aboutir. Je propose à l'assemblée la combinaison suivante : « Les commissions des différentes organisations représentées au congrès devront s'entendre avec les syndicats des employés pour faire une démarche auprès du gouvernement français, en vue de faire mettre à l'ordre du jour du Sénat, le plus tôt possible, la nouvelle loi des prud'hommes commerciaux, déjà adoptée par la chambre des députés ».

(Adopté.)

M. **Roger**. — La section a adopté le vœu suivant proposé par M. Sergent :

« Extension du privilège, en cas de faillite, à tous les représentants de fabrique et de commerce, sans aucune exception.

Extension de ce privilège de trois à six mois s'appliquant même aux commissions dues sur les affaires acceptées et non exécutées au moment de la déclaration de faillite. »

M. **Crespel**. — En Belgique, nous avons satisfaction sur ce point depuis 1896.

(Le vœu est adopté à l'unanimité.)

M. **Jamet** communique un télégramme de la Société des voyageurs de commerce de Hongrie, qui regrette de ne pouvoir prendre part aux travaux du congrès. Il propose de renvoyer aux camarades de Hongrie le salut du congrès.

(Adopté.)

M. Blanche. — Lundi, le congrès a adopté un vœu demandant la suppression des patentes pour les représentants de commerce.

Au nom du syndicat des représentants de commerce de Besançon, dont j'ai l'honneur d'être le président, au nom du syndicat des Deux-Sèvres, représenté ici par M. Richard, son président, je proteste énergiquement contre ce vote, et je tiens à ce que cette protestation soit inscrite au procès-verbal.

Je proteste, Messieurs, parce qu'en votant ce vœu, on a travaillé à l'encontre des intérêts des représentants de commerce, et je le prouve.

En effet, de tous les côtés, à la ville comme à la campagne, on réclame la suppression de ce qu'un de nos camarades appelait des représentants marrons, qui font à notre corporation une concurrence considérable, laquelle a été qualifiée, ici même, d'illicite.

Nos camarades voyageurs ne peuvent se rendre toujours compte de l'intensité de cette concurrence. Mais toutefois, je suis certain que ceux d'entre eux, que nous avons parfois l'honneur d'accompagner dans leurs tournées d'affaires, seront tous de notre avis, car ils ont ressenti, eux aussi, les effets désastreux de cette concurrence.

Voici ce qui se passe dans les villes de province de grande ou de petite importance.

Un monsieur quelconque, retraité, propriétaire, chef d'atelier, qu'il soit contremaître ou patron, accepte la carte d'une maison dans l'espoir d'augmenter, soit son revenu, soit les émoluments, déjà suffisants, que lui procure son emploi.

Le propriétaire commence à recueillir, comme clientèle, tous ses locataires ou, tout au moins, une grande partie de ceux-ci, qui se croient obligés de lui faire plaisir. Le retraité, lui, vend ses marchandises à ses amis de café, et gagne de quoi s'offrir un luxe dont il pourrait se passer. A l'atelier, c'est mieux encore, car, ici, c'est souvent la carte forcée : et gare à l'ouvrier récalcitrant qui se permettrait d'avoir un autre fournisseur que son patron ou son contremaître ! Et que gagnent ces représentants d'occasion ? Souvent peu de chose pour chacun d'eux en particulier. Mais n'oubliez pas qu'ils sont légion, et que dans la seule ville de Besançon, par exemple, on en compte près d'un millier, soit un pour 60 habitants.

Et qui souffre de cet état de choses ? Ce sont surtout les petits, les humbles, qui peinent du matin au soir pour élever leur famille — car aucun n'acquiert la richesse. Eh bien ! ce sont ces humbles qui nous ont délégués pour défendre leurs intérêts, et c'est en leur nom que mes camarades de Besançon et moi protestons contre le vote d'un vœu qui va directement à l'encontre de leurs intérêts.

On nous a bien dit ironiquement que ceux qui veulent payer n'auront qu'à passer chez le percepteur. Mais il n'y a là qu'une boutade faite sur une hérésie économique, car chacun sait qu'on ne peut verser au fisc que ce qui lui est dû. Et la chose serait-elle possible qu'il n'y aurait là, je le répète, qu'une boutade, car, si nous demandons à payer, c'est pour que nos intérêts professionnels soient sauvegardés.

En effet, il est certain que ces représentants, que j'appellerai si vous voulez des non-professionnels, s'empresseraient de cesser ce genre de travail qui ne leur rapporte que peu, si on les obligeait à payer une patente, — car notez que, si chacun d'eux gagne relativement peu, nous sommes écrasés par le nombre.

Maintenant, messieurs, je suis persuadé que les représentants de commerce de province ici présents seront en majorité avec nous, et je demande pour la motion que je vais présenter un vote avec pointage nominal sur la qualité du votant :

« A la suite du vœu adopté demandant la suppression de la patente aux représentants de commerce, un grand nombre de représentants présents au congrès tiennent à faire remarquer que les seuls intéressés ne demandent ni ne veulent cette suppression qui leur paraît préjudiciable à leurs intérêts.

» En conséquence, ils désirent que mention soit faite de leur protestation au procès-verbal, et que le vœu émis lundi ne soit transmis qu'au nom des voyageurs de commerce, et non en celui des représentants de commerce ».

M. le **Président**. — Le congrès ne peut revenir sur un vote émis. Tout ce que nous pouvons faire, c'est de donner acte à notre collègue de sa protestation et de l'insérer au procès-verbal.

M. **Dutertre**. — Je demande que la protestation ne mentionne qu'une partie des représentants de commerce. Je suis représentant, et je ne m'associe nullement à cette protestation.

M. le **Président**. — J'ai dit que nous ne reviendrions pas sur le vote. La protestation figurera au procès-verbal, au nom d'un certain nombre de représentants de commerce.

Nous arrivons aux vœux présentés par la troisième section : Économie politique.

1° Organisation de la mutualité pour les sociétés de voyageurs et représentants de commerce.

Vœu de M. Gayou :

« Le congrès adopte en principe la création d'une union des sociétés de secours mutuels des voyageurs et représentants de commerce en France, et invite cette union aussitôt constituée à fonder une maison de retraite pour les invalides de notre corporation. »

(Adopté à l'unanimité.)

Vœu de M. Buret.

« Le congrès émet le vœu qu'il soit créé une maison de retraite pour les vieux voyageurs et représentants de commerce, que l'idée en soit reprise par le conseil qui va être nommé par la fédération nationale qui devra en proposer les statuts au prochain congrès. »

(Renvoyé à la commission de la fédération nationale.)

Vœu de M. Jamet :

« Le congrès décide la création à Paris d'un établissement affecté tout spécialement aux voyageurs et représentants de commerce, et charge le bureau de la fédération nationale d'étudier le meilleur moyen d'en assurer l'exécution dans le plus bref délai possible. »

M. **Jamet**. — Il ne s'agit plus de la maison de retraite. Je demande que nous fassions comme nos camarades de Belgique, qui ont, boulevard Anspach, un cercle de voyageurs. Il est étrange qu'une ville comme Paris n'ait pas un lieu spécial où les camarades de province et de l'étranger puissent se rencontrer de temps en temps.

Puisque nous sommes disposés à fonder une maison de retraite et de secours, nous pourrions peut-être trouver dans la création de l'établissement que je demande des ressources suffisantes pour alimenter cette maison sans avoir à verser une cotisation. Nous pourrions avoir un immense hôtel, que j'appellerai la maison du voyageur. dans lequel nous aurions des chambres d'hôtel, des salles de réunion pour nos sociétés. Les bénéfices serviraient à alimenter la maison de retraite, et nous pourrions ainsi venir en aide à nos vieillards sans même avoir à verser une cotisation.

Si notre maison du voyageur donne des résultats à Paris, nous pourrons étendre cette création dans les grands centres.

Je connais l'objection : nombre de nos sociétés ont parmi leurs membres honoraires un grand nombre de maîtres d'hôtel. — Mais il ne faut pas trop s'occuper des autres, des tiers. Occupons-nous d'abord de nos intérêts. Si nous pouvons avoir ainsi quelques ressources, faisons-le, ne fût-ce que par esprit de confraternité.

M. **Figeac**. — La question a été sérieusement débattue. Nos sociétés de voyageurs de commerce tirent leurs seuls bénéfices de la présence de leurs membres honoraires, lesquels sont pour la plupart des patrons d'hôtels ou de cafés. Si nous créons, à Paris et ailleurs, l'établissement que préconise notre ami Jamet, nous allons tarir du jour au lendemain la source principale de nos bénéfices. Si vous voulez vous donner la peine d'examiner les comptes spéciaux de nos sociétés de secours mutuels, vous constaterez que nos recettes sont absorbées par les frais de maladie et les secours que nous versons à nos participants. Nous ne pouvons alimenter nos budgets qu'au moyen de nos membres honoraires.

Mais il y a une partie de la proposition à retenir : Jamet a parlé d'une fondation internationale. Il serait désirable que nous arrivions à nous entendre avec nos amis de l'étranger et les délégués de nos sociétés parisiennes pour fonder un cercle international. Mais il nous faut auparavant réaliser cette charmante idée de la réunion de toutes les sociétés de mutualité. Si cette réalisation pouvait sortir de notre congrès, nous aurions fait, au point de vue mutualiste, un grand effort, que beaucoup d'autres corporations nous envieront.

Jusque-là ne détruisons pas ce que nous avons édifié par tant d'années de labeur, ne tirons pas sur nos propres troupes, sur l'état-major de nos sociétés de secours mutuels.

J'écarte donc pour le moment cette idée de l'établissement à Paris ou en province d'un hôtel ou d'un café que nous créerions nous-mêmes. Mais nous trouverons quand nous le voudrons un maître d'hôtel ou de café qui sera tout disposé à nous recevoir à des conditions spéciales, qui sera enchanté d'être le maître d'hôtel des voyageurs de commerce. Il sera ainsi assuré d'une clientèle qui consomme et qui paie bien. Je crois que nous aurons ainsi réalisé notre desideratum.

M. **Jamet**. — J'avais la pensée de créer un établissement qui soit bien à nous, un cercle de voyageurs, où nous pourrions nous rencontrer. Je croyais que, si nous l'exploitions nous-mêmes, ce serait une source de bénéfices dont l'emploi était tout trouvé. Devant l'objection qui est faite, je n'insiste plus. Mais je demande qu'on trouve le plus tôt possible un sociétaire qui nous désigne son établissement comme nous appartenant, afin que nous puissions y installer nos services comme si nous étions chez nous.

M. **Gayou**. — Nous avons la Bourse du Travail.

M. **Jamet**. — Nous ne pouvons pas faire un cercle à la Bourse du Travail.

M. **Maltraaa**. — Je suis étonné qu'il n'y ait pas à Paris un local où puissent se réunir les voyageurs de commerce. En Espagne, à Madrid, nous avons notre cercle, et nous espérons être bientôt propriétaires de l'immeuble. Je suis tout à fait de cet avis que c'est à Paris que doit être fondé un cercle où puissent se réunir les voyageurs français et étrangers. (*Applaudissements.*)

M. **Kosciusko**. — Je suis presque obligé de soutenir la proposition de notre ami Jamet contre lui. Nous constatons que nos camarades de province et de l'étranger, quand ils viennent à Paris, se demandent où ils pourront rencontrer les camarades. Il serait donc à désirer que nous ayons un cercle international des voyageurs et représentants de commerce à Paris. Je serais d'avis que ce cercle devrait être exploité non pas par le premier hôtelier et cafetier venu, mais par nous-mêmes. Je ne crois pas qu'il y ait beaucoup de membres honoraires à Paris. En tout cas, le jour où vous fonderez un cercle, vous ne serez pas sans y consommer, et vous trouverez ainsi ce que vous aurez perdu.

M. **le Président**. — Je mets aux voix le vœu dont voici la rédaction définitive :

« Le congrès émet un vœu en faveur de la création à Paris d'un cercle national et international affecté tout spécialement aux voyageurs et représentants de commerce, et charge le bureau de la fédération nationale d'étudier le meilleur moyen d'en assurer l'exécution dans le plus bref délai possible. »

(Adopté à l'unanimité.)

M. **le Président.** — Vœu proposé par M. Cabeke :

« Le congrès invite toutes les sociétés et associations de voyageurs et d'employés de commerce à créer dans leur sein la mutualité pour secours en cas de maladie, accidents et décès. »

(Adopté à l'unanimité.)

M. **le Président.** — 2me paragraphe.

« Nécessité pour les voyageurs et représentants de commerce, de créer des caisses de retraite et de secours pour veuves et orphelins.

Vœu de M. Laran, de Bordeaux :

« Le congrès émet le vœu que le versement du capital à effectuer pour la constitution des pensions de retraite soit calculé au taux de 4 1/2 pour cent, au même titre d'ailleurs que pour les versements effectués à la caisse des dépôts et consignations. »

M. **Laran.** — Je dois rappeler que, chaque fois qu'il s'agit de constituer une pension de retraite au profit d'un membre d'une société approuvée,— car les sociétés libres ne bénéficient pas de ce privilège —, on exige un versement de 100 francs pour un revenu de 3 fr. 50. Or la caisse des dépôts et consignations verse un intérêt de 4 1/2 pour cent aux capitaux déposés librement. Il y a donc là quelque chose d'anormal. Il y a environ 300 millions déposés dans les caisses de l'État. Je trouve qu'en retour l'État nous doit bien quelques avantages, et je demande que les capitaux versés par nos sociétés jouissent du même intérêt que les capitaux versés librement à la caisse des dépôts et consignations.

M. **le Président**. — Nous risquons d'être entraînés fort loin dans une discussion de ce genre, qui est très importante et qui a fait l'objet d'études très sérieuses du conseil supérieur de la mutualité et du congrès de la mutualité.

M. Laran a raison. Les capitaux déposés à la caisse des retraites et qui sont inaliénables ne rapportent que 3 1/2 ; au contraire, les capitaux déposés à la caisse des dépôts et consignations rapportent 4 1/2. Mais, si vous voulez éviter que vos capitaux ne vous rapportent que 3 1/2, vous pouvez, et la nouvelle loi vous le permet, servir vos retraites sur les intérêts du fonds commun.

Sans doute il y a dans nos sociétés des capitaux inaliénables. Mais lorsque les titulaires de ces pensions seront décédés, cette somme tombera dans le fonds commun et rapportera 4 1/2.

Nous pouvons donc voter le vœu de M. Laran.

M. **Ramey**. — Il y a une distinction à faire. Dans les sociétés de secours mutuels, il y a deux fonds pour les capitaux, le fonds libre et le fonds de retraites. Le fonds libre rapporte l'intérêt versé par la caisse nationale des retraites, plus une bonification qui lui fait atteindre en ce moment le taux de 4 1/2. Mais l'intérêt n'est pas de 4 1/2, car il est subordonné au vote des Chambres, qui, chaque année, doivent décider si elles feront la différence entre le taux de la caisse des retraites et le taux de 4 1/2 anciennement accordé aux sociétés.

Les sociétés ont, si vous le voulez, un intérêt de 3 1/2 pour le fonds de retraite, et un intérêt de 4 1/2 pour le fonds libre. Elles ont aujourd'hui l'avantage de pouvoir liquider leurs pensions sur le revenu du fonds libre, comme le disait M. Roche. Mais il n'en subsiste pas moins qu'un de nos collègues nous demande la faveur du taux de 4 1/2 reporté à une autre opération, c'est-à-dire que, si une société, au lieu de liquider ses pensions soit à l'aide de ses fonds libres, soit à l'aide de son fonds de retraite, décide qu'elle fera l'opération par l'intermédiaire de la caisse nationale des retraites, elle sera obligée de se conformer, au moment où elle fera l'opération, au taux du tarif en vigueur. Ce tarif est aujourd'hui de 3 1/2, demain il sera de 3 1/4, après-demain peut-être de 3 p. 100.

Il est inadmissible que par le fait de constituer une rente à la même caisse, mais en changeant de guichet, on reçoive 4 1/2 à une caisse et seulement 3 à l'autre. C'est sur ce point, me semble-t-il, que le congrès devrait émettre un vœu. Il est inadmissible qu'alors qu'il s'agit de vieillards, c'est-à-dire de ceux qui ont le plus besoin d'être secourus, la même caisse de l'État délivre aujourd'hui 3 1/2, et peut-être demain 3 1/4, à la place de 4 1/2.

M. **Cillié**. — La loi de février 1898 donne aux sociétés de secours mutuels la faculté de conserver un intérêt de 4 1/2 en servant elles-mêmes directement cet intérêt à leurs sociétaires, en leur servant les rentes qu'autrefois elles étaient obligées de prendre à la caisse nationale des retraites qui ne donnait que 3 1/2. Puisque la loi vous donne cette faculté, votre vœu devient sans objet.

M. **le Président**. — Personne ne demande plus la parole ?

Je mets aux voix le vœu proposé par M. Laran.

(Le vœu est adopté.)

M. le Président. — M. Léger propose le vœu suivant :

« Le congrès, pour activer la création d'une caisse de retraites et en augmenter les revenus, décide la création d'hôtels corporatifs dont les bénéfices seront versés dans la caisse, et nomme une commission chargée d'étudier cette question. »

M. Léger. — On pourrait fonder un hôtel d'abord à Paris, puis dans les grandes villes de province où les voyageurs résident un certain temps. Les bénéfices pourraient servir à augmenter les revenus de notre caisse des retraites.

Je parle « voyageurs », on m'a déjà répondu « maîtres d'hôtel ». Les maîtres d'hôtel pourront trouver la création mauvaise. Mais s'ils paient 25, 30 et 35 francs par an, les bénéfices que nous ferons sur nos consommations compenseront largement cette perte. Je crois que nous sommes assez forts pour nous occuper nous-mêmes de nos affaires, et que nous ne devons pas défendre les intérêts des autres.

Je tiens à bien spécifier que nous autres, socialistes, nous ne voyons pas dans la coopération un idéal ; nous ne la considérons que comme une phase au point de vue économique et au point de vue social et moral, lorsque les coopérateurs ne voient pas seulement dans leur association l'intérêt qu'ils ont à payer un objet moins cher, mais qu'ils y voient en même temps un moyen de défendre une cause commune. C'est ce qui a lieu en Belgique et dans nos sociétés.

Telle est notre pensée. Je ne dis pas que l'idée soit d'une réalisation facile. Cependant je crois que nous pourrions aboutir. J'ai demandé que la caisse des retraites fût alimentée par une cotisation de 12 francs. Eh bien ! cet hôtel corporatif pourrait être facilement constitué si on trouvait 10.000 voyageurs disposés à verser 100 francs chacun.

M. **Crosnier**. — Je trouve extraordinaire que des voyageurs et des représentants de commerce, surtout de Paris, viennent proposer la création d'une coopérative, alors que nous avons tant de mal à lutter contre les coopératives qui sont nos concurrents. Comment pourrons-nous lutter contre les coopératives si nous en fondons une ?

M. **Jamet**. — J'ai émis l'idée qu'a reprise notre collègue Léger. Je la croyais nécessaire, je ne l'abandonne pas. Vous avez admis la création d'un cercle, c'est la première étape, vous arriverez à l'hôtel, je vous le garantis, nous nous en chargeons. Quant à mêler à cette question celle des coopératives, c'est une erreur. Il s'agit tout simplement de savoir si nous voulons bénéficier de quelques sous, que nous faisons gagner, pour nous en servir au profit de la corporation. *(Très bien !)*

M. **Bonjean**. — Je crois que nous nous égarons un peu. Je me déclare sans préambule l'adversaire absolu de toute combinaison de ce genre. Elle découle d'un excellent sentiment, il ne lui manque que d'avoir été envisagée au point de vue pratique.

Il ne suffit pas de décréter dans un congrès : nous voulons être dans la possibilité de nous retrouver, de nous sentir les coudes et de bénéficier des avantages que nous faisons aux autres, de façon à obtenir des résultats tangibles au point de vue matériel.

Pour constituer une œuvre de ce genre il faut des

capitaux, où les trouverez-vous? Je me suis occupé de la question il y a quelque 15 ans, je me suis heurté à des impossibilités. Chacun désire des améliorations, mais nous nous heurtons trop souvent à l'apathie des voyageurs. J'ai eu la pensée de créer des actions de 100 francs dont le versement aurait été fractionné pour les rendre accessibles à tous, je n'ai pu arriver à constituer ce capital.

Autre danger bien plus grand encore, c'est l'administration de ces établissements. Nous n'aurons pas seulement quelques collègues à satisfaire, il y en aura plus d'un qui aura besoin de ces places que nous aurons créées, et vous ne pourrez pas satisfaire tout le monde. Enfin les ambitions personnelles s'en mêleront.

Il aura suffi de vous signaler ces dangers pour que vous n'abandonniez pas cette source de revenus incontestable qu'est l'honorariat.

M. **Jamet**. — Toutes les idées nouvelles soulèvent des objections quant à la mise en pratique. Mais rappelons-nous le vieux proverbe : rien n'est impossible à l'homme, lorsqu'il veut. Nous demandons que l'affaire soit étudiée. Le congrès a déjà accepté l'idée d'un cercle de voyageurs, nous en viendrons à la maison du voyageur.

M. **Kosczïusko**. — J'ai écouté avec attention notre honorable contradicteur, M. le président Bonjean, j'ai en vain cherché les arguments à l'appui de sa thèse. Il n'a apporté ici que des assertions et des appréciations. Il a fait ce que font la majeure partie des commerçants que nous allons voir et qui, quand nous leur présentons un article nouveau, n'en voient que les inconvénients. Il faut aussi examiner les avantages des idées nouvelles qu'on apporte.

Quel n'a pas été mon étonnement en entendant des mutualistes opposés à la coopération. Mais la mutualité est au bord de la coopération. Vous arriverez insensiblement, comme M. Jourdain faisait de la prose sans le savoir, à faire de la coopération sans le savoir. C'est par l'entente mutuelle qu'en matière de mutualité vous êtes arrivés à des résultats, c'est par une entente mutuelle du même genre que vous arriverez à faire de la coopération.

On vous propose d'instituer un établissement dans lequel vous garderez les bénéfices pour vous au lieu de les laisser à un tiers qui est membre honoraire pour 20 ou 30 francs dans le seul but d'en gagner 300 ou 3.000.

M. **Figeac**. — Je proteste au nom des membres honoraires.

M. **Kosciusko**. — C'est une appréciation que j'ai le droit d'émettre et que je maintiendrai envers et contre tous.

Nous demandons que notre proposition soit mise aux voix.

M. **le Président**. — Je mets aux voix la proposition de MM. Léger, Kosciusko et Pacot.

(La proposition est repoussée à l'unanimité moins 7 voix.)

M. **Walter**. — Je demande que la question figure dans le programme du prochain congrès.

(Adopté.)

M. **Millerand**, *Ministre du commerce, de l'industrie, des postes et des télégraphes*, entre dans la salle des séances.

M. Roche, président. — J'ai l'honneur, au nom du bureau du congrès international des voyageurs et représentants de commerce, de souhaiter à M. Millerand, ministre du commerce, la plus franche et la plus cordiale bienvenue.

Nous le remercions du grand honneur qu'il veut bien nous faire en venant assister à une de nos séances et nous le saluons très respectueusement en sa qualité de membre du gouvernement de la République. (*Applaudissements.*)

Nous savons, monsieur le ministre, que toutes les questions que nous traitons vous sont depuis longtemps familières. Mais votre présence parmi nous nous est surtout un précieux encouragement, car la corporation des voyageurs et des représentants de commerce a besoin de sollicitude et de protection tout autant que la classe ouvrière. Il est des voyageurs de commerce qui ne sont guère plus heureux que les ouvriers, malgré la tenue qu'ils doivent porter pour pouvoir représenter.

Nous avons agité des questions très importantes et auxquelles vous voulez bien vous intéresser, notamment celle des prud'hommes commerciaux, celle de l'extension du privilège en cas de faillite à six mois pour les commissions des voyageurs de commerce. Nous avons enfin discuté la question de la fédération internationale des voyageurs de commerce. Toutes ces questions, vous les connaissez, et nous espérons que, pour nous aider à les résoudre, vous voudrez bien nous accorder votre haut et puissant appui.

Permettez-moi de vous dire en terminant, monsieur le ministre, que, si nous ne faisons pas de politique, les voyageurs et les représentants de commerce ont toujours été à l'avant-garde de ceux qui défendent haut et ferme nos institutions républicaines. (*Vifs applaudissements.*)

M. le ministre du commerce et de l'industrie. — Messieurs, j'avais promis aux organisateurs de ce congrès, et je n'aurais voulu pour rien au monde manquer à ma promesse, d'assister à l'une des séances du congrès international des voyageurs et représentants de commerce. J'y tenais beaucoup pour plusieurs raisons.

D'abord, parce que je connais depuis longtemps les voyageurs de commerce; je sais avec quelle ardeur, quel courage, quelle probité ils remplissent leur fonction, et comment, d'un bout à l'autre du pays et à l'étranger, ils vont défendant les intérêts et le drapeau de la France.

Je tenais à les en remercier, à leur dire que depuis longtemps, quelques-uns d'entre eux le savent, je suis avec une sympathie et un intérêt particuliers les efforts qu'ils font pour améliorer leur situation et pour resserrer, entre tous ceux qui appartiennent à la corporation, des liens de plus en plus étroits.

Ils ont bien raison. Ce n'est que par l'association, ce n'est que par l'union que vous parviendrez à faire aboutir les revendications légitimes que vous défendez. Isolés, vous n'êtes rien, groupés, associés pour la conquête des mêmes réformes, vous pouvez et vous devez devenir tout-puissants. (*Applaudissements.*)

J'ai été très heureux de voir les voyageurs de commerce entrer chaque jour davantage dans cette voie qui pour moi est la seule qui mène au progrès pacifique, légal et certain. On disait tout à l'heure, et avec beaucoup de raison, que l'employé de commerce, que le voyageur de commerce souvent n'est pas plus heureux, qu'il est quelquefois plus malheureux que l'ouvrier manuel, parce que son sort souvent n'est pas plus certain et qu'il a en plus des obligations de tenue, je dirai de représentation, que son camarade de travail n'a pas. Je dis « son camarade de travail », parce que je défends depuis longtemps cette idée que le meilleur moyen, pour tous ceux qui dans la société ont des revendications à défendre, de les faire triompher, c'est de s'aider les uns les autres, je ne dis pas de s'unir les uns aux autres. je crois qu'il y a intérêt pour réussir à sérier les efforts et que ce serait une mauvaise méthode de travail que celle qui consisterait à mélanger toutes les corporations. Mais je dis que chaque corporation doit voir avec sympathie. et, le moment venu, encourager autant qu'elle le peut. les efforts de la corporation voisine. (*Très bien!*)

Je dis qu'entre les employés et les ouvriers il n'y a qu'une barrière fictive, que vous devez mettre tous vos soins et que vous avez tout intérêt à faire tomber. Il faut que, dans toutes les corporations, on comprenne bien que. si les intérêts sont en apparence différents, au fond les revendications sont les mêmes. Elles se résument toutes en une demande plus grande de justice et de bien-être, et pour que chaque corporation voie triompher ses revendications personnelles, il est nécessaire qu'elle trouve dans les corporations voisines qui creusent chacune leur sillon, un appui et une sympathie effectifs. (*Applaudissements.*)

J'ai vu avec infiniment de plaisir que la corporation des voyageurs de commerce avait compris ces idées, que, de plus en plus. elle s'unit, elle s'associe, elle demande à la formation des sociétés de secours mutuels et à l'étude en commun des questions qui l'intéressent la solution des problèmes dont depuis longtemps elle examine les divers aspects.

J'ai parcouru l'ordre du jour très chargé de ce congrès.

Je ne pense pas que vous soyez arrivés à des solutions pratiques pour toutes les questions que vous vous êtes posées. Mais votre congrès ne sera pas inutile, il sera fécond, si de ces réunions vous emportez déjà une méthode de travail, la résolution de mettre les questions dans leur ordre logique, je dirai dans leur ordre de succès possible, si, ayant devant vous une très longue liste de revendications légitimes, vous savez prendre d'abord celle qui rencontre le moins de résistance et tâcher de la faire triompher. Un succès mène à un autre, et le premier besoin, pour les associations comme pour les individus, c'est d'apporter dans leurs efforts et dans leur travail de la méthode. Cette méthode s'impose fatalement à toutes les corporations.

Au début, et c'est trop naturel, les corporations, dans quelque monde qu'elles se recrutent et quelles qu'elles soient, se heurtent à tous les problèmes, à toutes les questions qui peuvent les intéresser, elles les mettent toutes sur le même plan, et puis, avec les difficultés, qui ne viennent que trop facilement, elles doivent reconnaître que la meilleure méthode c'est de sérier les questions, de les prendre une à une et de commencer par le commencement, de résoudre celles qui rencontrent le moins d'opposition, et de se servir des premières comme d'un levier pour résoudre les autres. (*Applaudissements.*)

C'est la méthode qui sort du travail même que vous faites, qui s'impose à vous, même lorsque au début vous ne l'avez pas tout de suite aperçue. Et je suis très frappé, quant à moi, de voir que ces syndicats — auxquels on me reproche parfois de porter trop d'intérêt et auxquels j'estime, que je n'en porterai jamais assez

(*Vifs applaudissements*), parce que c'est vraiment dans ces associations qu'est le moyen et le procédé grâce auquel les travailleurs de tout ordre arriveront à résoudre les problèmes qui se dressent devant eux,—je suis très frappé dans les rapports très fréquents que j'ai, grâce aux fonctions que j'occupe, avec beaucoup de syndicats, de voir avec quel esprit de sagesse et de réflexion les syndicats, soit d'ouvriers, soit d'employés, en viennent à comprendre qu'il faut avant tout sérier leurs efforts, que sans doute, et c'est là une condition essentielle, indispensable à toutes les associations, ils doivent avoir devant eux un idéal très élevé, parce que sans idéal on ne fait rien et il faut viser très haut pour arriver à quelque chose (*Applaudissements*), mais il faut unir à l'esprit d'idéalisme, sans lequel il n'y a pas de force en ce monde, l'esprit pratique, faute duquel on se heurte à tous les obstacles du chemin. Ce sont deux conceptions, deux manières de voir qui ne sont pas si opposées qu'on pourrait le croire, et l'éducation de l'association, du syndicat, se fait dans ce sens chaque jour davantage.

Je ne saurais, quant à moi, trop m'en féliciter. Je m'en félicite particulièrement en ce qui concerne les voyageurs de commerce. Tous les hommes politiques sont plus ou moins des voyageurs de commerce (*Rires*). Gambetta autrefois avait revendiqué ce titre, et il avait raison. Tout homme qui combat pour ses idées, tout militant qui va de ville en ville, de pays en pays, lutter pour les idées qu'il croit justes et vraies, fait, dans une certaine mesure, à un certain point de vue, ce que vous faites vous-même chaque jour. Et voilà pourquoi je vous demande la permission de m'intéresser un peu plus à votre corporation qu'à aucune autre, parce ce que, de loin, il est vrai, il me semble que j'en fais un peu partie. (*Applaudissements.*)

Laissez-moi, en vous félicitant, vous remercier du bon exemple que vous donnez. Nous avons fait des progrès quoi qu'on en dise. Et, bien que la France ne soit pas encore dotée, et c'est vraiment un peu humiliant, d'une loi sur les associations, qui est entre toutes nécessaire, déjà, grâce en partie à cette loi particulière sur les syndicats professionnels qui a fait faire de tels progrès à l'organisation des ouvriers et des employés, la France peut aujourd'hui présenter aux autres pays un tableau de syndicats et d'associations qui lui fait honneur. Eh bien! dans votre sphère, à votre place, vous donnez le bon exemple, vous combattez le bon combat.

Votre président nous disait tout à l'heure que vous ne faites pas de politique, mais que cependant, tout en ne faisant pas de politique, vous êtes à l'avant-garde de ceux qui combattent pour les idées républicaines. Je crois qu'il avait plus raison encore que peut-être il ne le pensait. C'est qu'en effet, qu'ils le veuillent ou non, tous ceux qui, comme vous, donnent l'exemple de l'association, tous ceux qui, comme vous, comptent d'abord sur leurs propres efforts pour résoudre les problèmes sociaux qui les intéressent, tous ceux qui donnent l'exemple de citoyens qui, ayant des intérêts à défendre, se groupent, s'unissent, s'associent, oui, ceux-là donnent entre tous l'exemple des vertus républicaines. (*Applaudissements.*)

Messieurs, vous vous en apercevez bien, ce n'est pas un discours que je veux vous faire, je ne suis pas venu ici dans ce but. Je suis venu ici pour vous dire du fond du cœur quel intérêt réel, sincère, je porte à vos associations, avec quelle sympathie, quel espoir, j'en suis le développement, et pour vous assurer qu'en toute circonstance, vous pourrez faire appel au concours de M. Millerand, qu'il soit ministre du commerce ou qu'il soit rentré dans le rang; il ne vous fera jamais défaut. (*Applaudissements répétés et prolongés.*)

M. le Président. — M. Crespel propose les deux vœux suivants :

« 1° Que les gouvernements encouragent la création de sociétés de mutualité sous toutes les formes où elles peuvent se manifester. »

« 2° Que les pouvoirs publics garantissent un intérêt rémunérateur aux capitaux destinés à alléger les infortunes. »

Ce dernier vœu a été adopté par le congrès des voyageurs de commerce en 1897.

M. Crespel. — Il serait intéressant de développer notre manière de voir relativement à deux questions dont l'une, agitée dans la première séance, concerne la situation morale et matérielle des voyageurs et représentants de commerce et dont l'autre concerne l'organisation de la mutualité.

M. le ministre, avec les idées très larges qu'il a apportées, a rendu ma tâche très facile. J'ai eu l'honneur de dire lundi soir devant de hautes autorités, devant M. le président du Conseil et devant M. le président de la Chambre, qu'en Belgique nous avons fait beaucoup, nous avons organisé des mutualités très puissantes, mais que la France est plus large que nous en fait de mutualité. Le chemin que nous avons parcouru est long, mais le but n'est pas atteint : aussi longtemps que nous n'aurons pas pu organiser des caisses de chômage, de puissantes mutualités pour mettre nos sociétaires à l'abri des accidents du travail, que nous n'aurons pas assuré leurs cheveux blancs par la retraite, que nous n'aurons pas donné aux veuves et aux orphelins les secours qui leur sont nécessaires, notre tâche ne sera pas accomplie.

Je me garderai bien de faire de la politique, dans les questions de mutualité nous n'en faisons pas chez nous, je veux seulement signaler la nécessité d'établir des mutualités. Dans la séance de ce matin presque tout le monde me disait qu'en France on comprend cette nécessité ; cependant quelques uns ont avoué que non. Vous n'êtes pas tous affiliés à des sociétés de mutualité, et c'est par là que vous devriez commencer. C'est par l'affiliation à ces puissants organismes que vous pourrez améliorer votre situation. Je vous engage donc à voter le vœu que j'ai déposé : obligation pour les voyageurs de s'affilier à une mutualité.

M. **le Président**. — Le vœu n'est pas formulé comme notre collègue semble le dire. Il demande « que les gouvernements encouragent la création des sociétés de mutualité sous toutes les formes où elles peuvent se manifester ». Nous ne pouvons pas obliger nos camarades à entrer dans les sociétés.

Je mets aux voix les deux vœux présentés par M. Crespel.

(Les vœux sont adoptés à l'unanimité.)

Vœu de M. Léger :

« Considérant que les subventions versées par l'État, les départements ou les communes, aux caisses de retraites grèvent leurs budgets, portent préjudice aux citoyens qui n'ont pas l'avantage de faire partie des dites sociétés, le congrès s'engage à ne demander aucune subvention quel que soit le système adopté. »

M. **Léger**. — J'avais proposé ce vœu pour en éviter un autre qui a été formulé quelques instants après et qui tend à prier les pouvoirs publics de mettre le plus tôt possible en vigueur une organisation de caisse des retraites pour tous les travailleurs. On nous a déjà fait remarquer que nous sommes dans un congrès de voyageurs et non pas dans un congrès de tous les travailleurs, que dès lors nous ne devons nous occuper que des intérêts de notre corporation. Je demande que, si nous faisons une caisse des retraites des voyageurs, nous n'acceptions ni du gouvernement, ni des départements, ni des communes aucune subvention. Puisque nous ne demandons pas une caisse de retraites pour tous les travailleurs, je ne vois pas de quel droit nous viendrions exiger des travailleurs qui ne feront pas partie de notre caisse des retraites des subventions qui se traduiront pour eux par des impositions plus fortes... (*Interruptions.*)

M. **Kosciusko**. — Je viens appuyer, au nom du groupe socialiste des voyageurs et représentants de commerce, la proposition de notre ami Léger. Nous autres socialistes, nous demandons des retraites pour tous les travailleurs, nous n'admettons pas que des voyageurs qui profitent des produits du travail des ouvriers demandent encore en supplément que les ouvriers paient des impôts pour subventionner une caisse de retraites destinée uniquement aux voyageurs. Nous voulons une caisse des retraites pour tous les travailleurs en général, pour les travailleurs manuels comme pour les travailleurs intellectuels.

M. **Bonjean.** — Si le congrès des voyageurs et représentants de commerce émet un vœu dans le sens que nous avons indiqué et qu'après avoir demandé la constitution d'une caisse de retraites des voyageurs, il demande en outre que des subventions soient accordées à cette caisse des retraites par l'État, les départements et les communes, je ne vois pas en vérité pourquoi nous nous priverions de ce point d'appui. Qui empêche les autres travailleurs de faire semblable demande ?

M. **le Président.** — Je mets aux voix le vœu proposé par M. Léger.

(MM. Marnelle, Cabeke, Crespel et Bonnet déclarent s'abstenir. — Le vœu est repoussé à l'unanimité moins 9 voix.)

M. **le Président.** — Vœu proposé par nos collègues de la Suisse romande :

« Le congrès émet le vœu que tous les gouvernements étrangers fassent ce qu'a fait le gouvernement français, c'est-à-dire encouragent les sociétés de secours mutuels par des subventions. »

M. **Pacot.** — Ne serait-il pas plus simple d'émettre un vœu en faveur de la constitution de la caisse de retraites pour tous les travailleurs ? Il serait inutile de demander des subventions.

M. **Jamet.** — Le vœu de nos camarades de la Suisse correspond à celui de M. Crespel qui vient d'être voté. On pourrait joindre les deux vœux.

(Le vœu est adopté.)

M. le ministre du commerce se retire après avoir renouvelé ses remerciements et ses félicitations.

M. **le Président.** — Vœu de MM. Rault, de Rouen, et Figeac :

« Que les sociétés de voyageurs et représentants de commerce majorent leurs cotisations d'un tant pour 100 pour fonder une caisse spéciale de secours pour les veuves et les orphelins. »

M. **Justeau.** — Je demande qu'on ajoute les héritiers ou ayant-droit.

Un membre. — Tous ceux qui s'occupent de sociétés de secours mutuels savent quelle difficulté on éprouve à augmenter la cotisation des membres participants. Avant d'aborder la question au fond, il conviendrait de nous entendre avec nos sociétés.

M. **Dutertre.** — J'ai entendu dire ce matin que la somme de 3 francs est déjà assez élevée et qu'il serait impossible de l'obtenir de nos sociétaires. Cela dépend de la cotisation. Mais, si la cotisation est déjà forte par elle-même, il suffira d'en détacher une partie.

M. **Malagié.** — Je dépose le vœu suivant :

« Le congrès émet le vœu que les sociétés de secours mutuels de voyageurs et représentants étudient et mettent en pratique le plus rapidement possible le moyen de créer une caisse autonome dans chaque société pour venir en aide aux veuves, orphelins et héritiers des sociétaires. »

M. **le Président.** — Voici le vœu de M. Rault avec la modification proposée :

« Le congrès émet le vœu que les sociétés de voyageurs de commerce majorent leurs cotisations d'un tant pour cent pour fonder une caisse de secours pour les veuves, orphelins et héritiers d'orphelins. »

M. **Rault.** — Je demande qu'on mette le vœu aux voix sans les mots « héritiers d'orphelins. »

M. le Président. — Je mets le vœu aux voix sans les mots « héritiers d'orphelins ».

(Le vœu est adopté à l'unanimité moins 2 voix).

M. Malagié. — Je retire la proposition que j'ai déposée.

M. le Président. — Vœu proposé par M. Figeac :

« Le congrès émet le vœu que l'État, dans sa sollicitude pour les sociétés de secours mutuels, complète à 365 francs par an la somme modeste que touchent nos sociétaires à l'âge de 60 ans comme pension de retraite. »

M. Figeac. — Depuis 11 ans le gouvernement a présenté un projet de loi qui va du Sénat à la Chambre et de la Chambre au Sénat, et qui assure aux ouvriers 365 francs de retraite par an. Dans ce projet on n'a oublié qu'une catégorie de citoyens, c'est la nôtre. Je ne vois pas pourquoi depuis 50 ans on a fait absolument tout, ou du moins quelque chose, pour donner raison à quelques-uns de nos amis en faveur de la classe ouvrière, tandis qu'on a fait bien peu de chose pour la classe des voyageurs de commerce.

L'État aurait mauvaise grâce à refuser de compléter la pension de retraite de nos sociétaires quand il complète celle des ouvriers, surtout alors que nos sociétés ont fait une grande partie du travail en donnant 140, 150 ou même 200 francs.

Il est à craindre que, si on fait la retraite spécialement pour les ouvriers, nous ne soyons encore oubliés. Nous devons formuler ce vœu, et je puis affirmer qu'il en sera tenu compte par une grande partie des législateurs.

M. Cillié. — Je ne veux pas prendre la parole contre la proposition, mais je veux faire observer que dans certaines sociétés, la cotisation est de 3 francs par mois, tandis que dans d'autres elle n'est que de 2 francs, 1 franc ou 1 fr. 25. Comment voulez-vous admettre que l'État fasse cette injustice de traiter sur le même pied ceux qui auront versé 3 francs et ceux qui auront versé seulement 1 fr. 25 ? D'autre part les sociétaires feront la réflexion suivante : il est bien inutile que je dépense 3 francs par mois puisqu'au bout du compte en ne versant que 1 fr. 25 j'arriverai au même résultat.

La vérité, c'est que l'État doit faire un sacrifice proportionnel à celui de l'individu lui-même, et non pas traiter d'une façon uniforme et celui qui n'a rien voulu faire et celui qui a fait tous ses efforts.

M. **le Président**. — Je dois dire que dans les projets déposés concernant les retraites ouvrières, — et j'en recevais dernièrement l'assurance de M. Ricard, qui est l'auteur d'un de ces projets, — on vise également les employés et les ouvriers. Nous pourrions donc émettre un vœu dans le sens de l'assimilation du voyageur et de l'employé de commerce à l'ouvrier.

M. **Bonnet**. — J'avais proposé à la section d'engager les pouvoirs publics à créer la caisse des retraites en faveur de tous les travailleurs.

M. **Kosciusko**. — Tout en étant réunis comme voyageurs, nous ne devons pas rester indifférents aux autres travailleurs.

M. **Figeac**. — Nous sommes un congrès de voyageurs et de représentants de commerce réunis pour discuter nos propres intérêts, nous n'avons pas à nous occuper des autres corporations. Défendons donc nos intérêts sans nous faire les apôtres de toutes les revendications sociales.

M. le Président. — Le vœu se résume ainsi :

« Le congrès émet le vœu que les employés, voyageurs et représentants de commerce soient assimilés aux ouvriers en ce qui concerne la loi sur la caisse des retraites. »

(Adopté à l'unanimité.)

M. Pentlar. — Messieurs, permettez-moi de vous communiquer quelques informations sur la corporation que j'ai l'honneur de représenter. La corporation « Verein Reisender Kaufleute Œsterreich-Ungarns » a été fondée en 1886, elle compte maintenant 3,400 membres, elle publie depuis sa fondation un journal paraissant trois fois par mois et un annuaire contenant des renseignements importants pour les marchands, surtout pour les voyageurs de commerce. Elle a eu souvent l'occasion de faire valoir son influence dans des questions commerciales, notamment elle a obtenu des chemins de fer autrichiens la réduction du tarif pour le transport des colis d'échantillons. Elle s'est surtout occupée de la question capitale des caisses de secours et de retraite.

Dès son origine, elle s'efforça de donner la sécurité à ses membres contre les accidents de la vie. Elle possède une caisse particulière de secours en cas de maladie, fondée sur les bases de la loi autrichienne, et elle est en relations avec une importante compagnie d'assurances contre les accidents. Grâce à ces relations, il est facile aux membres de la corporation de conclure des assurances aux conditions les plus favorables. Chaque membre est assuré contre les accidents aux frais de la corporation pour une somme de 3,000 francs en cas d'incapacité physique ou de mort et de 2 fr. 50 par jour pour frais de soins. Naturellement un grand nombre de membres usent du droit d'augmenter ces quotités par des versements spontanés.

Dès son origine, notre corporation a également songé à soutenir les membres sans emploi ou tombés dans le besoin, ainsi que les veuves et les orphelins. En 1886 furent fondées des caisses spéciales régies par les principes suivants : 1° La corporation accorde des secours éventuels aux membres sans emploi ou tombés dans une gêne momentanée et qui appartiennent à la corporation depuis au moins une année ; 2° Les invalides, les veuves et les orphelins reçoivent des rentes. Les demandes de rentes doivent être faites au mois de septembre pour l'année suivante. En 1899, 14 invalides et 24 veuves et orphelins ont reçu des rentes variant de 250 à 750 francs. (*Applaudissements.*) L'assemblée générale annuelle vote la somme à dépenser, la répartition en est faite par une commission composée de 30 membres.

Cette année a été instituée une nouvelle organisation, celle de l'assurance des rentes, car les rentes ci dessus indiquées sont facultatives. Cette nouvelle caisse des rentes, fondée en vertu d'une loi autrichienne due à la politique sociale du Parlement et qui date de 1892, concédera le droit de percevoir une rente. Les versements peuvent être opérés en tous temps et rapportent intérêt dès le premier jour. Tous les membres de la corporation sont en même temps membres de la caisse, car la corporation paie de ses fonds le premier versement pour chaque membre.

Un grand nombre d'hôtels et de restaurants ont consenti des réductions aux membres de la corporation en observant le principe commercial qui consiste à accorder des remises aux acheteurs importants. Jusqu'à la création de la nouvelle caisse, ces rentes revenaient aux deux autres caisses, désormais elles seront partagées, moitié pour les caisses et moitié au crédit de chaque membre pour son compte. La corporation vend des cahiers contenant des coupons qui sont reçus en paiement dans les hôtels et restaurants. Ce système des cahiers avec coupons existe depuis cinq ans et on espère qu'il sera propagé. Jusqu'ici il a produit une somme considérable, mais les grands revenus qu'on en attendait ne se sont pas encore réalisés, les grands bienfaits de la corporation ont été surtout obtenus grâce aux revenus ordinaires et aux dons bienfaisants des membres.

Je ne veux pas entrer dans les détails. Je me borne à constater que la «Verein Reisender Kaufleute Œsterreich-Ungarns » a fait son devoir dans le sens moderne en créant et en développant des caisses de secours et de retraite pour ses membres âgés et invalides et pour ses veuves et orphelins. Mais je ne veux pas terminer cette communication sans mentionner les grands mérites du président de la corporation, M. le conseiller impérial Aloys Pollak, dont l'énergie et le dévouement ont contribué à réaliser les importantes actions de la corporation dans le domaine de l'humanité. (*Vifs applaudissements.*)

M. le Président.— Nous remercions M. Pentlar de sa très intéressante communication. (*Applaudissements.*)

M. le Président.— Vœu de MM. Malagié et Agneray :

« Que les sociétés de secours mutuels des voyageurs et représentants de commerce soient dégrevées de l'impôt sur la contribution personnelle et mobilière et de location. »

(Le vœu est adopté.)

M. Laran. — Je demande au bureau si nos ressources nous permettront de faire imprimer le compte-rendu du congrès. Il y a eu des communications très intéressantes, entre autres celle que nous venons d'entendre du délégué de Vienne. Ce serait rendre un hommage mérité à nos collègues étrangers que de faire imprimer leurs communications.

M. Jamet. — Vous savez combien nous avons de rapports et combien les discussions ont été longues. Les ressources propres du congrès ne nous permettent pas de faire imprimer le volume qui aura environ 400 pages. Mais vous pouvez souscrire en vue de l'impression, le montant de chaque volume pourra revenir à environ 3 francs. Nous ne procèderons à l'impression que si les souscriptions sont suffisantes.

M. le Président. — Les demandes de souscriptions seront envoyées au bureau qui statuera.

Nous arrivons au vœu de M. Guey sur la participation aux bénéfices.

M. Guey. — C'est la première fois qu'un rapport sur la participation aux bénéfices est introduit dans un congrès international de voyageurs et représentants de commerce.

Il nous reste peu de temps pour lire mon rapport et le discuter, mais je pense que tous, ici, nous sommes d'accord pour souhaiter que la « participation aux bénéfices » soit mise en vigueur dans l'industrie et le commerce, afin d'améliorer notre situation financière de plus en plus réduite. J'ose donc espérer que, non seulement vous accueillerez favorablement le vœu suivant, mais que vous le voterez tous :

« Le congrès international des voyageurs et représentants

de commerce émet le vœu que la participation aux bénéfices soit mise en vigueur dans les différentes industries et maisons de commerce françaises et étrangères, au profit des voyageurs et représentants de commerce, qui devront s'inspirer du sage précepte économique suivant : les affaires seront traitées pour le compte des patrons par les voyageurs et représentants de commerce avec le même zèle et les mêmes intérêts que s'ils les traitaient pour eux-mêmes. »

M. **Kosczciusko**. — La question de la participation aux bénéfices est, avec celle des prud'hommes commerciaux, une des plus importantes que le congrès ait eu à examiner, mais il est un peu tard pour l'aborder à fond.

Nous attendons d'autres remèdes que celui-là. Mais, de quelque palliatif qu'il s'agisse, dès lors qu'on apporte une amélioration partielle à la condition sociale de nos camarades, dès que cela constitue une étape vers une amélioration, nous devons étudier la question.

On a fait différentes objections contre la participation aux bénéfices. On dit d'abord que ce n'est pas pratique. C'est qu'on ne se rend pas bien compte des conditions dans lesquelles on pourrait la pratiquer. On a dit aussi : et les pertes? Mais celui qui a fait un peu de comptabilité sait fort bien que, quand une maison de commerce commence à faire des pertes, elle peut bien en faire pendant un an ou deux, mais elle ne peut pas continuer bien longtemps. Les chefs de maison véritablement soucieux de faire participer à leurs bénéfices ceux qui contribuent à leur fortune n'auront qu'à verser à leurs employés la moitié seulement des bénéfices qui leur reviennent, en réservant l'autre moitié pour le cas où il y aurait des pertes l'année suivante. Vous voyez, mes chers collègues, que nous ne sommes pas des gens absolus. (*Très bien!*)

M. le Président. — Je mets aux voix le vœu proposé par M. Guey.

(Adopté à l'unanimité.)

M. le Président. — Quatrième paragraphe : Extension du commerce colonial et extérieur (Consulats).

Vœu de M. Béon :

« Le congrès émet le vœu qu'il soit institué des cours pour la formation des voyageurs de commerce français à l'étranger, où sera développé d'une manière pratique, et non classique, l'enseignement des langues vivantes et de la géographie au point de vue général, en l'espèce au point de vue économique, et où l'on indiquera aux voyageurs de commerce le rôle des consulats et des chambres de commerce à l'étranger et de quelle manière ces institutions peuvent seconder directement la mission des voyageurs de commerce, et qu'il soit établi des chambres de commerce françaises à l'étranger. »

M. Marneffe. — Je demande qu'on ajoute les mots « dans tous les pays » en ce qui concerne les cours.

M. Béon. — J'accepte très volontiers l'addition.

M. Montalant. — Comment voulez-vous instituer des cours pour former les voyageurs? Avez-vous été à l'école pour apprendre à être voyageur ?

M. Marneffe. — Je suis étonné de l'objection. Nous avons à Anvers, la métropole commerciale de la Belgique, un institut commercial des hautes études où sont admis les élèves de toute nationalité. Nous avons demandé au congrès de 1897 que les études commerciales commencent dès l'école moyenne, avant d'arriver aux hautes études. Il est utile d'instituer des écoles commerciales dans tous les pays.

(Le vœu est adopté à l'unanimité moins une voix.)

M. **le Président**. — Vœu de M. Rault :

« Le congrès émet le vœu que le gouvernement favorise l'enseignement des langues allemande, anglaise et espagnole plus particulièrement que les autres langues, afin de favoriser notre colonisation et la vie du voyageur à l'étranger. »

M. **Pacot**. — Demain une autre langue peut être nécessaire.

M. **Rault**. — J'accepte qu'on mette « langues étrangères ».

(Le vœu modifié est adopté.)

Vœu de M. Monière :

« Que la création d'écoles commerciales ou industrielles pratiques soit prise en considération par les pouvoirs publics. »

(Adopté.)

Vœu présenté par le syndicat de Constantine :

« Considérant que des mesures sont prises dans l'intérêt du commerce national, le congrès émet le vœu que les pouvoirs publics prennent en considération les desiderata des syndicats et chambres de commerce de l'Algérie tendant à rendre le crédit au commerce algérien et à faciliter l'importation des produits nationaux. »

(Adopté.)

M. **le Président**. — Vœu de MM. Dutertre, Laran et Roger :

« Le congrès émet le vœu que la clientèle créée par le voyageur ou le représentant de commerce à ses patrons, soit considérée comme sa propriété et qu'en cas de rupture du contrat ou de décès une indemnité lui soit accordée. »

(Adopté à l'unanimité moins une voix.)

Vœu de MM. Loubet et Brusse, de Toulouse :

« Le congrès émet le vœu que les voyageurs de commerce bénéficient de la loi qui garantit les ouvriers manuels contre les accidents. »

(Adopté à l'unanimité.)

Vœu de M. Laran :

« Le congrès émet le vœu que tous les grands magasins et sociétés de crédit soient frappés d'une patente pour chacune des spécialités d'articles mise en vente et qu'une taxe progressive leur soit en outre appliquée proportionnellement au nombre d'employés. »

M. **Léger**. — Je ne vois pas où commencent les grands magasins. Pourquoi faire une catégorie spéciale? Qu'on mette une taxe pour les différentes sortes d'articles.

Mais alors frappez-vous de plusieurs taxes le petit crémier qui vend du charbon et qui vit ainsi difficilement? Il n'en sera pas moins mangé par les gros, car vous ne parviendrez pas à empêcher la concentration capitaliste.

M. **Marneffe**. — Je m'étonne que cette question vienne à un congrès de voyageurs de commerce. Elle pourrait venir dans un congrès de commerçants, de négociants. Je crois qu'il faut voter la question préalable, car nous ne sommes pas compétents pour discuter les questions intéressant les commerçants, les négociants, les banquiers, les notaires, nous n'avons à nous occuper que des questions qui intéressent les voyageurs de commerce.

M. **Laran**. — Je suis surpris de l'observation qui vient d'être présentée. Nos intérêts professionnels sont directement liés à ceux des commerçants. M. Marneffe semble dire que la question n'intéresse pas les voyageurs. Je ne veux pas m'occuper de la partie qui a un caractère social et économique, car je m'étendrais trop longuement. Je pourrais démontrer que le danger qui menace les commerçants et les industriels et qui consiste dans la concentration de ces forces commerciales et industrielles menace aussi les voyageurs de commerce. Plus cette concentration est puissante dans les grandes villes et moins les voyageurs prennent d'ordres dans ces villes. Et vous n'êtes pas même appelés à prendre la moindre part aux opérations commerciales de ces maisons qui ont un grand centre d'achat à Paris.

C'est encore pire pour les sociétés de crédit qui prennent une importance capitale et font disparaître de plus en plus dans les petites villes et dans les communes tous les petits commerçants. Il doit y avoir parmi vous des voyageurs qui représentent des maisons de demi-gros achetant aux fabricants et revendant aux petits commerçants des communes, des cantons et des petites villes. Allez dans ces communes. Que vous répond le petit commerçant : « Je n'ai pas de commission à vous remettre parce que la maison de crédit vient nous enlever le peu de clientèle que nous pourrions offrir. »

Ne voyez-vous pas l'intérêt direct que vous avez, les conséquences fâcheuses qui résultent de cette situation ? C'est la ruine pour une grande partie de nos voyageurs. Et on vient dire que nous n'avons pas un intérêt direct à nous occuper de cette question !

Je ne veux pas aller plus loin. La Chambre des députés a manifesté son sentiment à cet égard, elle s'est prononcée d'une manière favorable à nos idées et elle a voté le principe de notre proposition, que le Sénat a repoussée. Mais la Chambre des députés a reconnu l'utilité de la proposition au point de vue de l'intérêt public, car évidemment elle ne s'est pas occupée exclusivement de notre corporation. Il y a donc utilité à ce que, nous, voyageurs menacés dans notre situation, nous votions le principe de la proposition déjà approuvée par la Chambre des députés.

M. **Kosciusko**. — Notre collègue vient de signaler un danger que nous avons signalé il y a longtemps, celui de la concentration des capitaux. Il croit avoir trouvé un remède en imposant les grands magasins et les bazars pour chaque catégorie d'articles. Mais croyez-vous que vous ferez plus d'affaires lorsque les grands magasins seront ainsi imposés ? Non seulement vous ne ferez pas plus d'affaires, mais les grands magasins n'en feront pas moins. Quand même, sur un chiffre de plusieurs millions d'affaires, on leur imposera quelques milliers de francs, ils n'en continueront pas moins à manger les petits, comme je vous l'ai dit.

Ce n'est pas un remède qu'on vous apporte. Je fais appel à vos sentiments de solidarité en vous signalant que, si on impose les grands magasins par catégorie d'articles, les employés d'intérieur verront leurs appointements diminués pour permettre aux patrons de recouvrer le montant de l'imposition.

M. **Marneffe**. — J'engage tous les voyageurs de commerce, qui sont incompétents dans la question, à s'abstenir.

M. **Dutertre**. — J'approuve la proposition. Je ne vois pas pourquoi le magasin qui vend un seul article serait frappé d'une patente égale à celle qui frappe le magasin qui vend plusieurs articles.

M. le président. — Je mets aux voix le vœu proposé par M. Laran.

(Le vœu est repoussé par 30 voix contre 25.)

Vœu de M. Dureaux :

« Le congrès émet le vœu que tout voyageur ou représentant de commerce ayant atteint l'âge de 35 ans et ayant 10 années consécutives de résidence, soit, de droit inscrit, comme électeur au tribunal de commerce de son département. »

Vœu de M. Bardin :

« Le congrès émet le vœu qu'après dix ans de résidence dans une même localité, les voyageurs et représentants de commerce soient de droit électeurs consulaires. »

M. Vizet. — Il faut distinguer entre l'électorat et l'éligibilité. On m'a dit qu'un arrêt de la Cour de cassation accorde aux voyageurs de commerce le droit d'être électeurs sans qu'ils soient éligibles. Je m'étonne qu'il y ait deux poids et deux mesures. Je puis citer à Chalon un représentant de commerce qui est juge au tribunal de commerce depuis dix ans. J'ai moi-même été juge au tribunal de commerce comme représentant de commerce.

M. le Président. — C'est une question de patente.

M. Vizet. — Tous les représentants de commerce sont patentés. (*Interruptions.*) Alors comment se fait-il qu'il y ait deux poids et deux mesures, qu'en province les représentants de commerce soient patentés, tandis qu'à Paris ils ne le sont pas ?

M. Sergent. — Les représentants de commerce de

Paris revendiquent le droit d'être éligibles. L'arrêt de la Cour de cassation les déboute de leur prétention. En province ils sont électeurs et éligibles.

M. **Bonnet**. — Dans l'esprit de mon président, M. Dureaux, la création des conseils de prud'hommes enlèvera toute utilité à ce vœu Actuellement, lorsqu'un de nous a un litige avec son patron, il est obligé d'aller devant le tribunal de commerce et il est jugé par des juges dont il n'a pas été électeur. Il faut que nous soyons au moins les électeurs de ceux qui seront appelés à nous juger.

M. **le Président**. — Les deux vœux sont analogues. Je les mets aux voix.

(Les vœux sont adoptés à l'unanimité moins trois voix.)

Vœu de M. Bonjean :

« Le congrès émet le vœu que les pouvoirs publics imposent aux chefs de maison, lorsqu'il n'y aura pas eu un contrat spécial, un délai de trois mois en cas de séparation brusque. »

M. **Bonjean**. — Ce vœu n'a pas besoin d'être longuement développé. Vous savez la situation qui est faite aux voyageurs français. Si je suis bien informé, à l'étranger, notamment en Autriche et en Allemagne, les pouvoirs publics se sont occupés de la question.

En France, au contraire, si nous n'avons pas un contrat qui nous lie, et qui lie en même temps le patron, nous pouvons être remerciés sans indemnité. Il ne nous est pas facile de retrouver un emploi de voyageur étant donné les aléas de la profession.

Je crois que le vote de ce vœu s'impose.

(Le vœu est adopté à l'unanimité moins une voix.)

M. **le Président**. — Vœu de MM. Leboue et Lenormand :

« Le congrès demande la suppression du privilège des bouilleurs de cru, privilège occasionnant un dommage considérable aux voyageurs en liquides. »

M. **Vizet**. — Ce vœu ne regarde que les négociants en vins et spiritueux et ne concerne pas les voyageurs de commerce.

M. **Lenormand**. — Je viens vous apporter les doléances des voyageurs en liquides de la Seine-Inférieure, de l'Eure, du Calvados et de l'Orne. Nous vous avons donné tout notre concours et nous serions fâchés que vous ne votiez pas le vœu que nous vous présentons. Non contents de faire de la fraude, — nous n'avons pas à nous en occuper, — les propriétaires nous enlèvent la pâture quotidienne à nous autres, voyageurs en liquides. Il ne serait pas généreux de la part du congrès de nous refuser son appui alors que nous lui avons apporté tout notre concours. Les voyageurs en liquides sont aussi intéressants que toutes les autres catégories de voyageurs, et en refusant de les aider vous leur faites un tort considérable.

M. **Jamet**. — Il n'y a pas beaucoup de nos collègues qui soient attachés aux bouilleurs de cru. Et je ne vois pas pourquoi, puisque nous pouvons ainsi rendre service à un certain nombre de nos camarades, nous refuserions de voter le vœu qu'ils nous apportent.

(Le vœu est voté à l'unanimité).

M. **le Président**. — Nous arrivons à la question de la fédération nationale et à la fédération internationale.

Nous commençons par la fédération nationale.

La parole est au rapporteur de la commission.

M. **Cousin**, rapporteur de la commission de la fédération nationale. — Je me contente de lire les statuts élaborés par la commission et proposés au congrès.

« *Formation.* — Art. 1er. — Il est formé à Paris une fédération nationale des voyageurs et représentants de commerce de France

But. — Art. 2. — 1° La défense des intérêts de la corporation ; 2° étudier et faire aboutir les décisions et vœux pris par le congrès.

Siège social. — Art. 3. — Le siège de cette fédération est fixé à Paris, à la Bourse du Travail.

Composition. — Art. 4. — La fédération se compose de tous les groupes constitués de voyageurs et représentants de commerce de France et des colonies.

Administration. — Art. 5. — La fédération est administrée par un conseil fédéral se composant d'un membre délégué de chaque société adhérente, plus un délégué suppléant.

Bureau. — Art. 6. — Un secrétaire général et un trésorier nommés par le congrès.

Le conseil fédéral désignera les membres composant la commission administrative chargée du fonctionnement de cette fédération nationale.

La commission se composera de neuf membres.

Assemblées. — Art. 7. — La commission administrative se réunira tous les mois.

Le conseil fédéral se réunira tous les trois mois. Chaque année, en décembre, il sera tenu un congrès de la fédération nationale.

Art. 8. — Le prochain se tiendra à Paris et décidera à la fin de la séance la ville où se tiendra le congrès suivant.

Art. 9. — Le congrès sera composé de cinq délégués de chaque groupement adhérent à la fédération. Ces délégués devront être pris en dehors de ceux composant le conseil fédéral.

Ces mandataires délégués auront tout pouvoir pour reviser toutes les propositions acceptées antérieurement, les approuver ou désapprouver et procéder aux élections des membres du conseil.

Art. 10. — Les statuts seront élaborés et revisés s'il y a lieu par le congrès annuel.

Art. 11. — Le règlement sera établi par la commission administrative et soumis à l'approbation du congrès annuel.

Art. 12. — La fédération accepte en principe le vote par correspondance.

Art. 13. — Le droit d'entrée est fixé actuellement à 5 francs par société adhérente, et la cotisation annuelle à 10 centimes par membre desdits groupements Elle pourra être élevée, si besoin est, par décision du conseil fédéral. Il en sera de même du droit d'entrée. »

M. **Loubet**. — Je demande une explication au sujet des délégués au congrès national. Il est question de cinq délégués par société.

M. **Kosciusko**. — Le conseil fédéral est composé d'un délégué par groupement avec un délégué suppléant. Nous demandons que chaque groupement ait droit à 5 délégués au congrès pour que le nombre des membres du congrès soit assez considérable. Mais les groupements ne seront pas obligés d'envoyer 5 délégués.

M. **Loubet**. — J'estime que ce nombre de cinq fixé uniformément n'est pas équitable. Il faut que les sociétés aient un nombre de délégués proportionnel au nombre de leurs membres.

M. **Kosciusko**. — Nous avons voulu que toutes les sociétés eussent une représentation égale afin qu'une société de 1,000 membres ne vînt pas anéantir une société de 100 membres seulement.

M. **Blanche**. — Cela revient à voter par syndicat. Dès lors pourquoi fixer le nombre des délégués?

M. **Cillié**. — Une société comprenant 10,000 membres pourra envoyer un plus grand nombre de délégués que celle qui n'en compte que 150, et les décisions du congrès seront à sa disposition.

M. **Kosciusko**. — Les grandes sociétés feront la pluie et le beau temps dans le congrès et les petites sociétés seront noyées dans les grandes.

M. **Vizet**. — Si un groupement ne peut envoyer que 3 délégués, il sera aussi bien noyé. Son vote équivaudrait-il à celui du groupement qui aura envoyé cinq délégués.

M. **Kosciusko**. — Chaque groupement n'aura droit qu'à une voix. C'est la même situation qu'au conseil fédéral dans lequel il n'y a qu'un délégué par groupement. Si nous avons demandé qu'il puisse y avoir cinq délégués par groupement dans le congrès, c'est afin que le congrès soit plus nombreux pour approuver ou désapprouver les décisions du conseil fédéral. Mais chaque groupement doit avoir une valeur égale, qu'il soit nombreux ou non.

M. **Bonjean**. — Il y a une confusion dans l'esprit de M. Kosciusko. Nous voulons bien que les grandes sociétés ne noient pas les petites, mais nous ne voulons pas qu'elles soient noyées par elles, et c'est ce qui se produira si vous n'établissez pas la proportionnalité.

Est-ce un bien, est-ce un mal, on n'en sait rien, on n'en peut juger. Mais la logique indique que les grandes sociétés ont des intérêts corporatifs plus importants à défendre.

M. **Mesplé**. — Je me rallie à l'opinion de M. Bonjean. Il n'est pas juste que les sociétés importantes n'aient pas une part plus prépondérante que celles qui sont moins importantes. Leurs intérêts sont cependant plus importants que les autres.

M. **Cillié**. — Pourquoi.

M. **Kosciusko**. — M. Boujean est venu nous dire que les grandes sociétés doivent avoir des droits plus grands que les petites. Vous vous plaigniez que les grands mangent les petits. Soyez donc logiques, et vous, petites sociétés, ne vous laissez pas manger par les grandes. La vérité, c'est que, dans une fédération, chaque groupement doit avoir un droit égal aux autres.

M. **Jamet**. — La commission a adopté cet article pour être logique. Le conseil fédéral est composé d'un délégué de chaque société adhérente, il est donc nécessaire que le même droit soit acquis à chaque société en ce qui concerne les délégués au congrès. Nous avons voulu être logiques et faire concorder les deux articles.

Mais il ne faut pas croire que chaque société soit obligée d'envoyer cinq délégués. Tout ce qui résulte de l'article, c'est qu'elles auront toutes les mêmes droits. C'est ainsi que dans ce congrès toutes les sociétés étrangères n'ont envoyé qu'un délégué, cependant il parle au nom de tous les associés. Les délégués envoyés au congrès de la fédération par une société auront le même nombre de voix, qu'ils soient cinq ou moins de cinq.

M. **Loubet**. — Ainsi, il est bien entendu que chaque groupement n'aura droit qu'à une voix. Mais il ne s'ensuit pas qu'il ne pourra pas envoyer plus de 5 délégués.

M. **Cillié**. — Ce que nous devons rechercher surtout en faisant la fédération, c'est d'attirer le plus grand nombre possible de sociétés françaises. Or, si, de par le règlement, les sociétés puissantes et habitant de grands centres avaient voix prépondérante sur les petites sociétés, celles-ci feraient fatalement le raisonnement suivant : à quoi bon discuter dans un congrès où nous sommes sûrs d'avance de ne pouvoir faire prévaloir nos idées? Et elles se désintéresseraient de la fédération. C'est ce que nous devons éviter. Nous devons chercher à grouper le plus grand nombre possible de sociétés françaises en donnant à toutes les mêmes devoirs et les mêmes droits. (*Applaudissements.*)

M. **Bonjean**. — Je crois que nous sommes peu préparés au vote des statuts destinés à réglementer une fédération. Dans ma pensée, le congrès avait mission d'émettre un vote de principe et de désigner une commission exécutive chargée d'examiner les vœux émis, notamment celui relatif à la fédération. Nous risquons de faire de mauvaise besogne en votant au pied levé une semblable organisation.

M. **Kosciusko**. — Vous avez pris des décisions d'après le programme qui a été arrêté. Parmi les questions portées au programme se trouve celle relative à la fédération. Vous avez jugé à propos de nommer une commission qui a pris une décision qu'elle vous soumet. Il ne s'agit plus d'émettre un vœu platonique, mais de prendre une décision. Etes-vous, oui ou non, partisans de la fédération nationale? Si oui, faites-la aujourd'hui. Si vous avez des objections à faire valoir, apportez-les.

M. **Bonjean**. — Le principe n'est pas discuté.

M. **Kosciusko**. — Il s'agit de la fédération de toutes les sociétés de voyageurs, à quelque syndicat, à quelque groupement qu'ils appartiennent, et non pas seulement de la fédération des sociétés de secours mutuels.

M. **Jamet**. — Nous avons tenu à préparer ce travail

et à vous demander de le voter afin qu'il sorte quelque chose de ce congrès.

Les statuts sont toujours revisables, c'est lorsque vous en aurez fait usage que vous en connaîtrez les avantages et les inconvénients. Si vous voulez les reviser l'année prochaine, rien ne sera plus facile.

M. **Kosciuszko**. — Et au moins vous aurez fait quelque chose.

M. **Loubet**. — Si nous devons les reviser prochainement, il est bien inutile de les voter.

M. **Jamet**. — Les statuts les plus parfaits en apparence ont quelquefois besoin d'être changés. Vous pouvez accepter ceux-ci sauf à les modifier l'an prochain.

M. **Loubet**. — Il n'y a pas d'exemple qu'on accepte quelque chose qu'on doit changer à bref délai.

M. **Buret**. — Si à l'avance vous étranglez les grandes sociétés, à notre grand regret, nous ne pourrons entrer dans la fédération.

M. **Jamet**. — Où voyez-vous dans le projet de règlement qui vous est soumis, qu'on veuille étrangler les grandes sociétés ?

M. **Loubet**. — Nous demandons seulement qu'on change le chiffre de 5 délégués.

M. **Dutertre**. — Je vais proposer un amendement qui pourrait mettre tout le monde d'accord.

Le projet de règlement proposé pourrait écarter les grandes sociétés de la fédération. D'autre part les grandes sociétés pourraient noyer les petites.

Je demande que les groupements de 100 membres et au-dessous puissent envoyer un délégué au congrès, ceux de 101 à 500 membres, 2 délégués, et les groupements comprenant plus de 500 membres, 5 délégués sans que ce chiffre puisse être dépassé.

M. **Jamet.** — Nous vous avons soumis les décisions de la commission.

M. **Loubet.** — Je dépose l'amendement suivant :

« Les sociétés adhérentes pourront envoyer autant de délégués qu'elles le voudront, étant entendu qu'ils n'auront à eux tous qu'une voix délibérative. »

M. **Kosciusko.** — Au nom de la commission je repousse cet amendement. Les sociétés qui pourront envoyer 100 membres feront du bruit et chercheront à enlever moralement le vote.

M. **Lenormand.** — J'ai fait partie de la commission. Il m'a semblé que le délégué qui serait envoyé par chaque groupement apporterait l'esprit de son groupe. Si les statuts ne nous donnent pas satisfaction, ils seront revisés.

M. **le Président.** — Personne ne demande plus la parole ?

La discussion est close.

Je mets aux voix le projet préparé par la commission. Ceux qui sont partisans des amendements voteront contre.

(Le projet est adopté à l'unanimité moins 11 voix. — M. Dutertre déclare s'abstenir.)

M. **le Président.** — Nous avons à nommer le secrétaire général et le trésorier de la fédération.

MM. **Jamet, Kosciusko, Roger, Cillié**, successivement proposés pour les fonctions de secrétaire général, déclarent ne pouvoir accepter.

M. **Cillié**. — Je propose M. Millou. — S'il n'est pas décidé à accepter, je m'engage à prendre la fonction à sa place.

M. **Millou** est nommé dans ces conditions.

M. **Dutertre** est nommé trésorier.

M. **le Président**. — La parole est à M. Walter pour donner lecture du rapport préparé par la commission de la fédération internationale.

M. **Walter**. — Je donne simplement lecture des statuts proposés par la commission :

« Art. 1er. — Entre tous les groupements de chaque nationalité ayant adhéré à ce congrès et toutes les organisations qui adhèreront aux résolutions qui y ont été prises, il est constitué une confédération internationale.

Art. 2. — Le siège social de cette confédération internationale des représentants et voyageurs est fixé à la Bourse du Travail, à Paris.

Art. 3. — *Composition*. — Cette confédération internationale est composée de la façon suivante :

Un secrétaire général et un trésorier nommés par le congrès.

Cinq délégués par chaque nationalité qui seront désignés par les groupements adhérents. Ces délégués constitueront le conseil confédéral international.

Art. 4. — Ce conseil confédéral nommera une commission administrative qui sera chargée du fonctionnement de la confédération.

Art. 5. — *Assemblées*. — La commission administrative se réunira tous les trois mois.

Art. 6. — Le conseil confédéral se réunira au moins une fois par an.

Art. 7. — Le conseil confédéral désignera le siège du congrès international qui devra se réunir tous les deux ans.

Art. 8. — Les groupements adhérents à la confédération pourront désigner 12 délégués par nationalité au dit congrès, et, quel que soit le nombre des présents, chaque nationalité représentera 12 voix. »

M. **Maltrana**. — Pourquoi donner 12 voix à chaque nationalité et non pas une seulement ?

M. **Kosciusko**. — Le principe est le même.

(Le congrès adopte les statuts tels qu'ils sont proposés, en modifiant l'art. 8, et en décidant que chaque nationalité n'aura qu'une voix délibérative.)

M. **Kosciusko**. — Je demande que le vote puisse avoir lieu par correspondance.

(La proposition est adoptée.)

M. **Pentlar**. — Au nom des délégués étrangers, je déclare que nous acceptons en principe les statuts, en réservant toutefois l'acceptation de nos corporations.

M. **Rousset**. — Maintenant que le vote est acquis, ne serait-il pas préférable d'attendre la constitution des fédérations nationales de chaque pays pour nommer le secrétaire général et le trésorier ?

M. **Kosciusko**. — Vous avez voté le principe de la fédération internationale, mais vous en avez aussi accepté les statuts.

M. **Jamet** est nommé secrétaire général de la fédération internationale. — M. **Guey** est nommé trésorier.

M. **le Président**. — Nous sommes arrivés au terme de nos travaux. Je crois être l'interprète des sentiments du bureau tout entier en remerciant les collègues, tant étrangers que français, qui ont bien voulu prendre part à ce congrès. Les discussions ont été intéressantes, parfois vives et passionnées, on a pu recevoir quelques coups de boutoir, soit des camarades, soit du président. Il faut tout oublier et ne se souvenir que du dévouement apporté par chacun et des résultats obtenus. (*Applaudissements.*)

M. **Roger**. — En mon nom et au nom de M. Jauréguiber, je propose au congrès de voter des remerciements à MM. Vervelle et Jamet, président et secrétaire général du comité d'organisation du congrès, pour le zèle et le dévouement qu'ils ont apporté dans cette organisation. (*Applaudissements.* — Adopté.)

M. **Rault**. — Je propose des remerciements à M. Roche pour la façon dont il a présidé nos deux dernières séances. (*Applaudissements.*)

M. **Vitale**. — Au nom des voyageurs italiens, je vous remercie de la manière courtoise et cordiale dont vous nous avez reçus. Je puis vous assurer que nous emporterons le meilleur souvenir de votre accueil fraternel.

Les vœux que le congrès a émis sont importants, non seulement pour la France, mais pour toute l'Europe et spécialement pour l'Italie, où les voyageurs ne sont pas spécialement favorisés par les compagnies de chemins de fer. Je prie le bureau du congrès de donner à ces vœux une très grande publicité parmi les voyageurs de commerce de toutes les nations et surtout dans les compagnies de chemin de fer.

Pour ma part je voudrais pouvoir vous donner à tous une cordiale poignée de main. Je la donne à notre bien aimable président et je vous assure que je me souviendrai toujours de mon premier voyage à Paris, qu'on peut appeler à juste raison la plus grande ville du monde.

Permettez-moi de crier avec vous : Vive la France ! Vive la République ! (*Vifs applaudissements.*)

M. Dutertre. — Je dépose la proposition suivante :

« Le congrès décide que la plus grande publicité sera donnée aux décisions et vœux adoptés. Dans ce but il charge le comité qui sera élu :

1° de faire imprimer des affiches résumant les principaux vœux émis et mentionnant les sociétés adhérentes au congrès ;

2° d'envoyer ces affiches à toutes les sociétés, syndicats de voyageurs et représentants de commerce, pour être apposées dans leurs bureaux et envoyées à leurs membres honoraires, restaurateurs ou cafetiers, en priant ces derniers de les faire afficher à l'intérieur de leurs établissements.

Ultérieurement d'autres affiches pourront être confectionnées, afin d'annoncer les suites données aux vœux émis et entretenir par ce moyen une propagande indispensable à la réalisation de tout projet.

Le comité devra aussi rédiger et envoyer des bulletins à toute la presse, sans distinction d'opinion, de Paris, de la province et de l'étranger, en n'oubliant pas les agences telles que l'Agence Havas, etc.

Ces bulletins donneront un compte-rendu succinct des réunions du comité, résolutions prises, démarches officielles, etc., et enfin surtout les sanctions apportées aux vœux émis par le congrès.

Dans le cas où la première partie de ce programme concernant l'affichage ne pourrait être réalisée par suite du manque de ressources du comité, la fédération internationale ou, à son défaut, la fédération nationale devra en poursuivre la réalisation. »

(La proposition est adoptée.)

M. **Dutertre.** — Je propose que des remerciements soient votés à la presse qui a bien voulu suivre nos travaux et en donner un compte-rendu. (*Applaudissements.*)

M. **le Président.** — Personne ne demande plus la parole ?

(La séance est levée à six heures dix minutes.)

BANQUET DU 11 JUILLET 1900

Discours de M. Roche, vice-président du congrès.

Mesdames, Messieurs,

Notre honorable président, M. Vervelle, qui vient d'être frappé d'un deuil cruel de famille, me prie de prendre la parole à sa place. Je m'exécute.

Ma première parole doit être pour porter une santé qui, j'en suis sûr, ralliera tous vos suffrages, car les voyageurs de commerce sont tous de bons et fidèles républicains, je veux parler de la santé de M. Loubet, président de la République française. (*Applaudissements.*)

Je bois aussi à l'honorable représentant de M. le ministre du commerce, M. Richard, qui veut bien assister à notre banquet (*Nouveaux applaudissements*), et je le prie de redire à M. le ministre du commerce combien nous avons été fiers de l'accueillir cet après-midi parmi nous. Nous avons vu qu'il portait intérêt à notre œuvre et ç'a été pour nous un précieux encouragement. (*Très bien !*)

Je bois ensuite à M. Gariel, délégué général des congrès à l'Exposition. Bien que surmené par la fatigue et les occupations de toute sorte que lui causent ses fonctions, il a bien voulu être des nôtres. Nous l'en remercions, et nous le remercions aussi d'avoir bien voulu mettre à notre disposition cette grande salle du Trocadéro, où, par cette température, nous avons été singulièrement mieux installés que nous ne l'aurions été dans le Palais des congrès. (*Très bien!*)

Je dois aussi une mention toute particulière à nos délégués qui sont venus des différentes villes de France. Nous les avons accueillis avec grand plaisir, et ils ne m'en voudront pas, j'en suis persuadé, si j'adresse un salut tout spécial à nos délégués étrangers. (*Applaudissements.*) C'est à ceux-ci que j'envoie, au nom du bureau du congrès et au nom du congrès tout entier, notre plus fraternel et notre plus cordial salut. Nous les remercions d'avoir participé à nos travaux, et je les prie de redire à leurs compatriotes que la France n'a que des sentiments de sympathie et de fraternité pour toutes les nations qui ont pris part à notre Exposition et à nos congrès. (*Applaudissements.*)

Sur nos bannières de mutualité il y a un symbole, ce sont deux mains entrelacées, et une devise : La main dans la main. Je vous prie, mes chers camarades étrangers, de répéter chez vous cette devise. Nous vous présentons la main la plus fraternelle et la plus cordiale. (*Vifs applaudissements.*)

Discours de M. **Richard**, délégué de M. le ministre du commerce, de l'industrie, des postes et des télégraphes.

Mesdames, Messieurs,

M. le ministre du commerce sera extrêmement touché des paroles que l'un de vos représentants vient de prononcer à son adresse. M. Millerand et M. Lavy, son chef de cabinet, auraient vivement souhaité venir s'asseoir parmi vous. Ils m'ont chargé tous les deux de vous transmettre l'expression de leurs vifs regrets. Des circonstances indépendantes de leur volonté les ont empêchés de satisfaire leur désir. Ils m'ont chargé en même temps de vous dire que vous pouvez, en toute circonstance, compter sur leur absolu dévouement. Soyez assurés qu'ils ont suivi avec le plus vif intérêt les travaux de votre congrès et qu'ils feront tous leurs efforts pour faire passer dans la loi positive les revendications dominatrices que vous avez formulées. (*Très bien ! Applaudissements.*)

Permettez-moi de lever mon verre en l'honneur de votre fédération et de boire à la prospérité de cet admirable mouvement d'union et d'émancipation fraternelles. (*Vifs applaudissements.*)

Discours de M. **Gariel**, délégué général des congrès.

Mesdames, Messieurs,

J'ai été mis directement en cause, et je me crois obligé de prendre la parole.

Je dois tout d'abord remercier M. Roche et votre bureau des bons sentiments qu'ils ont exprimés à mon égard.

Je puis dire que je connais depuis longtemps la corporation que vous représentez J'ai eu, en 1889, à m'en occuper à l'occasion du congrès, et je sais qu'elle est fort intéressanté. Aussi, lorsqu'une nouvelle demande m'a été adressée en 1900, je n'ai pas besoin de dire que j'y ai été aussitôt favorable.

Je n'insisterai pas sur les intérêts que vous représentez, sur le rôle capital que vous jouez dans le développement du commerce et de l'industrie, je ne prendrai la question qu'au seul point de vue spécial du congrès lui-même.

J'ai très vivement regretté, à mon point de vue, que votre congrès se tînt au Trocadéro, car il ne m'a pas été possible de suivre vos séances, comme j'aurais pu le faire, si vous aviez été au Palais des congrès. Je ne connais donc pas encore vos travaux, les résolutions que vous avez prises, les vœux que vous avez émis. Je n'en suis pas moins assuré que votre congrès aura des résultats importants. C'est qu'un congrès international, alors même qu'on n'y aurait pas travaillé du tout, serait une excellente chose. Un congrès a deux rôles : étudier les questions, d'une part, d'autre part établir des relations entre les hommes. *(Applaudissements.)* Et s'il est bon d'établir des relations entre les hommes d'un même pays, il est meilleur encore de les établir entre les hommes de pays différents. *(Nouveaux applaudissements.)* Trop souvent des préjugés nous séparent, nous divisent, et, quand on va au fond des choses, on reconnaît qu'aucune raison n'explique cette division. Qu'on se rencontre, qu'on cause, en séance, et je dirai surtout hors séance, et les divisions n'existent plus. *(Très bien !)*

J'oserai dire que le rôle des congrès consiste presque entièrement dans cette union, dans ces relations qui s'établissent entre les hommes de villes différentes, de pays différents. Que vos travaux soient bons, — et je n'en doute pas, — ou qu'ils ne le soient pas, je suis convaincu que de ces réunions il sortira quelque chose de bon, une fraternité qui n'existait pas auparavant, des relations sur lesquelles vous pourrez compter à l'avenir. *(Applaudissements.)*

Il faut en somme matérialiser ce qu'on dit. A qui devons-nous ces excellents résultats ? A votre commission d'organisation. C'est le bureau de cette commission qui a travaillé, qui a préparé ces assises dans lesquelles vous vous êtes réunis. Je crois être votre interprète à tous en reportant à votre commission l'hommage de votre reconnaissance pour la manière dont le congrès a été préparé. Je bois au bureau de la commission d'organisation de votre congrès. *(Vifs applaudissements.)*

M. **Dureaux**, d'Orléans, porte un toast à l'union des peuples, à la fraternité universelle et à la mutualité internationale.

M. **Koscziusko** porte un toast aux dames qui ont bien voulu assister au banquet, et à la fraternité, à la solidarité, à la cordialité et à la paix universelles qui réunissent les hommes de bonne volonté, sachant s'aider et se comprendre au lieu de s'entretuer.

M. **Bérial**, Luxembourg, remercie le congrès de l'accueil qui a été fait aux délégués étrangers et promet que ceux-ci feront tous leurs efforts pour faire aboutir chez eux la confédération internationale.

M. **Cabeke**, Belgique, boit au succès des revendications des voyageurs de commerce, afin d'assurer un avenir meilleur à ceux qui sont les propagateurs de l'industrie et du commerce dans le monde.

M. **Josse**, Suisse romande, espère que la semence qui a été jetée portera ses fruits et que le congrès des voyageurs de Paris sera fructueux pour toute la corporation. Il dit que ses collègues de Suisse avaient fait faire une couronne de fleurs des Alpes pour l'offrir aux organisateurs du congrès, mais que, par la faute de l'administration des chemins de fer P. L. M., elle n'arrivera que demain. Il termine en buvant aux organisateurs du congrès.

M. **Marneffe**, Belgique, président du congrès de Bruxelles en 1897, membre de la commission d'organisation du congrès de Paris en 1900, félicite les organisateurs, qu'il n'a pu aider, étant occupé par ses affaires loin de Paris, de l'immense succès qu'ils ont su assurer au congrès.

M. **Bonjean**, président de la Société de protection mutuelle des voyageurs de commerce, apporte au comité d'organisation des félicitations et les remerciements des sociétés de Paris et du syndicat des voyageurs du Sud-Ouest. Il lève son verre en l'honneur de la fédération nationale et de la fédération internationale.

M. **Maltrana**, Espagne, salue la France, berceau de la liberté, et espère que la confédération des représentants sera le commencement de la confédération universelle.

M. **Kaufman** profite de la présence du délégué de Norvège pour porter un toast aux plus illustres voyageurs du siècle, Nordenskiold et Nansen.

M. **Reidar-Duë**, Norvège, boit au colonel Marchand.

M. **Montalant** boit aux bons clients des voyageurs de commerce.

M. **Lenormand** boit à la fraternité et à la liberté.

M. **Lebouc** boit à M. Vervelle, à M. Jamet et au comité d'organisation.

M. **Malagié** porte un toast à la bonne confraternité

qui doit unir les voyageurs de commerce de toute la France.

M. **Walter** boit au comité d'organisation et en particulier à l'homme qui s'est dévoué tous les jours depuis trois ans pour le succès du congrès, au secrétaire général, M. Jamet.

M. **Nesbitt**, Australie, apporte au congrès le salut des voyageurs d'Australie.

M. **Jamet**, secrétaire général. — Je suis heureux de remercier tous ceux qui ont bien voulu apporter l'expression de leur sympathie au comité d'organisation. Je tiens à mon tour à renvoyer toutes nos félicitations et toute notre reconnaissance aux collègues de province et de l'étranger avec lesquels j'ai correspondu depuis si longtemps. Je suis heureux de voir les sentiments de solidarité qui animent tous ceux de nos camarades qui ne sont pas enrégimentés, tous nos camarades indépendants de province. *(Applaudissements.)*

RAPPORTS PRÉSENTÉS AU CONGRÈS

RAPPORTS PRÉSENTÉS AU CONGRÈS [1]

PREMIÈRE SECTION. — Intérêts professionnels.

UNION DES ASSOCIATIONS DE VOYAGEURS DE COMMERCE D'AUSTRALIE. — Siège social : 190, Flinden Street, Melbourne ; James Davies, secrétaire général ; **George Nesbitt**, délégué.

Elle a pour but de défendre les intérêts, en général, des voyageurs de commerce, d'obtenir, des compagnies de chemins de fer et de navigation, des facilités de voyager, de fonder des clubs à l'usage des sociétaires, d'établir un fonds de secours pour les sociétaires âgés ou incapables de gagner leur vie, et pour les veuves et orphelins, ainsi qu'une caisse mortuaire pour indemniser, après le décès, les parents des sociétaires, de fonder des bourses destinées aux enfants des sociétaires. Chaque section est autonome. Le nombre total des sociétaires est de 1580 ; le montant des fonds accumulés des diverses sections, de 580.000 fr.

SOCIEDAD ESPAÑOLA DE COMISIONISTAS Y VIAJANTES DE COMERCIO. — Atocha, 16, Madrid ; **Sebastian Maltrana**, président ; Escolastico Sanchez, secrétaire.

---

(1) En exécution de l'art 14 du règlement du congrès, la commission d'organisation s'est chargée, sous sa responsabilité, soit de résumer les rapports et communications déposés, soit d'en publier des extraits.

La société, fondée en 1886, compte 1000 sociétaires : le capital social est de 200.000 pesetas, il a été payé pour 220.000 pesetas de secours.

SOCIÉTÉ DES VOYAGEURS DE COMMERCE « EENDRACHT », à Rotterdam.

La Société, fondée en 1893, compte 300 sociétaires. Elle a créé une caisse de secours qui verse 15 florins par semaine de maladie, pendant 10 semaines au maximum par an, et, en cas de décès, 150 florins aux héritiers. Elle assure ses membres contre les accidents et l'invalidité. Le droit d'entrée est de 5 florins, la cotisation annuelle de fl. 11.50, plus 1 florin pour la caisse de ressource destinée à secourir les sociétaires sans emploi.

La Société fait partie de la fédération des sociétés de voyageurs de commerce de Hollande, qui compte 12 sociétés affiliées. Elle a un journal, « Eendracht », qui est très lu par les voyageurs de commerce.

SOCIETA DI MUTUO SOCCORSO FRA RAPPRESENTANTI E VIAGGIATORI DI COMMERCIO IN TORINO. — **Miniggio Maurizio**, président.

Le rapport signale les lacunes de la législation italienne qui confond le représentant avec le commissionnaire et réclame l'élaboration d'une loi définie qui détermine les attributions de chacun. La Société a comme organe de défense « Il Viaggiatore » qui se publie à Turin et a pris l'initiative de créer une fédération de toutes les Sociétés italiennes.

SOCIÉTÉS DES VOYAGEURS DE COMMERCE DE NORVÈGE. M. **Reidar-Duë**, délégué.

Les sociétés de voyageurs représentées au congrès comptent 1.600 membres. La cotisation est de Kr 5 (7 fr.) par an pour les Norvégiens, de Kr 10 (15 fr.) pour les étrangers. Elles ont obtenu une réduction de 25 % sur le tarif des billets de steamer, une réduction de 50 % pour les malles d'échantillons. La Société de Christiana a un capital de 150.000 francs.

SOCIÉTÉ DES VOYAGEURS DE COMMERCE TCHÈQUES, A PRAGUE. — La société, fondée en 1886, compte 2 membres d'honneur, 26 membres perpétuels, 168 ordinaires et 172 adhérents. Elle assure un secours de 120 couronnes par mois en cas de maladie ou de chômage, elle verse un secours de 200 couronnes pour frais de funérailles et assiste les veuves et orphelins. La cotisation des membres ordinaires est de 20 couronnes, celle des adhérents de 10 couronnes. L'excédent de recettes sur les dépenses a été, en 1899, de 45.672 couronnes.

SOCIÉTÉ GÉNÉRALE DES VOYAGEURS DE COMMERCE DE BELGIQUE. M. **Crespel**, président ; MM. **Marneffe et Cabeke**, délégués.

La Société, fondée en 1879, a d'abord organisé une caisse de résistance pour permettre aux voyageurs blessés en chemin de fer de ne pas transiger immédiatement pour une somme dérisoire. Elle a créé un service de demandes et offres d'emplois, fondé le journal « le Voyageur », organisé un conseil arbitral en vue de concilier les différends entre patrons et voyageurs et, au besoin, d'autoriser les poursuites, et de rédiger les contrats ; elle a institué une caisse de pension qui fonctionne depuis le 1er octobre

1900 et qui verse 7 fr. 599 par année de participation. La cotisation annuelle est de 24 fr.

Le rapport signale l'intérêt du contrat écrit, rappelle que la loi belge du 25 avril 1896 assure un privilège au voyageur à la commission, réclame la suppression des clauses draconiennes, notamment du ducroire, et de l'interdiction, en cas de rupture ou à l'expiration du contrat, de vendre directement ou indirectement les produits similaires.

M. **A. Guey**, président de l'Union syndicale des employés-représentants de commerce parisiens.

Le Ducroire. — On appelle commissionnaire ducroire celui qui, en vertu de son contrat, se rend garant de l'opération faite par lui. On désigne aussi par le mot « ducroire », le droit de commission dû dans ce cas, qui est généralement double du droit de commission ordinaire.

1° Nous ne devons, sous aucun prétexte, subir le faux « ducroire ».

2° Nous devons aussi repousser la convention dite « ducroire » qui ne peut être proposée qu'au commissionnaire.

3° Une convention de caution simple pourrait être proposée au voyageur et représentant, avec une commission supplémentaire égale à celle ordinaire sur toutes les affaires traitées dans l'année.

4° Enfin, nous conseillons à nos collègues de repousser cette dernière proposition comme inutile, car la commission supplémentaire élèverait d'autant le prix des produits proposés et réduirait notablement le chiffre des affaires.

M. Vizet, délégué du syndicat des représentants de commerce de Reims.

Vœu tendant à ce que l'administration supérieure des contributions directes donne l'ordre aux contrôleurs de faire les recherches nécessaires pour patenter les personnes signalées par les syndicats et qui font de la représentation commerciale sans acquitter la patente déterminée par la loi.

M. Lenormand, président de la ligue syndicale des voyageurs en liquides de Rouen.

Établissement d'une taxe unique sur les voyageurs et représentants de commerce. — Le malaise dont souffrent les voyageurs de commerce, en particulier les voyageurs en liquides, vient surtout de la représentation exercée par une foule d'individus de toutes catégories qui ne sont pas voyageurs de profession et ne payent pas de patente, par exemple des rentiers, des propriétaires, d'anciens commerçants, des employés de bureau, des fonctionnaires publics, tels que instituteurs, facteurs ruraux, employés des contributions directes ou indirectes, des officiers ministériels, des prêtres, des sacristains et même des commerçants encore établis ; il vient aussi, en ce qui concerne les eaux-de vie, du privilège des bouilleurs de cru.

On peut signaler également certains individus qui, dans les centres de production viticole, lancent des circulaires à domicile, font insérer des annonces dans les journaux, et chargent des représentants de proposer leurs vins à la clientèle bourgeoise. Ils portent ensuite les commandes à une maison sérieuse, qui expédie en leur nom et sous leur marque. Il en est de même pour d'autres denrées comme le café et l'huile. Enfin on devrait appliquer une taxe aux grands magasins qui ont des services de voiture desservant les campagnes.

La Ligue syndicale des Voyageurs a émis les vœux suivants :

1° Il est fait défense à tout fonctionnaire public, quel qu'il soit, c'est-à-dire à tout individu émargeant à une caisse quelconque où les contribuables versent leur argent, de s'occuper de représentation, sous peine de révocation immédiate ;

2° Les fonctionnaires retraités qui voudront faire ce métier pour occuper leurs loisirs, seront taxés comme les voyageurs ordinaires.

3° Tout individu vendant un produit quelconque pour le compte d'une autre maison, sera frappé de cette même taxe, celle-ci sera fixe et unique.

La Ligue syndicale demande en outre l'abolition du privilège des bouilleurs de cru.

Pour assurer une sanction à la taxe proposée, les maisons de commerce ayant des représentants devront en faire la déclaration, le représentant fera sa déclaration personnelle ; le commerçant sera tenu d'indiquer sur sa facture le nom de l'intermédiaire qui a vendu pour son compte.

M. G. Dutertre.

Propriété de la clientèle du représentant ou voyageur de commerce. — Conclusions :

1° La clientèle créée ou apportée par un voyageur, courtier, ou représentant de commerce employé à la commission, appartient à ce dernier. Il a le droit de la vendre à un tiers, sous réserve que son successeur sera accepté par la maison.

2° Ne sont pas considérés comme appointements les indemnités pour frais de voyage, location de bureau, correspondance, etc., ainsi que les sommes qui seraient allouées en dédommagement des frais indispensables pour faire connaître une nouvelle maison.

3° En cas de rupture entre négociant et représentant ou voyageur à la commission avec ou sans engagement, le négociant devra une indemnité au représentant.

4° Une fois l'indemnité versée, chacun retrouve sa liberté d'action, le représentant peut continuer à visiter ses clients pour le compte d'une autre maison et le négociant faire visiter cette même clientèle par un autre agent.

5° L'indemnité à allouer est ainsi fixée :

A. Pour une représentation ayant duré plus de deux ans, l'indemnité sera équivalente à la moitié du montant d'une année de commission, en prenant la moyenne des deux dernières années.

B. Pour une représentation ayant duré moins de deux ans, le chiffre de l'indemnité sera égal à celui d'une année de commission. Dans le cas où les relations entre mandant et mandataire auraient duré moins d'une année, l'indemnité sera également l'équivalent du montant d'une année de commission calculée sur la mensualité la plus élevée.

LE SYNDICAT DES VOYAGEURS DE CONSTANTINE

Émet le vœu que nous devons unir nos forces pour travailler à l'établissement de notre bien-être, à la conservation et au développement de nos revendications légitimes, afin de surmonter les obstacles nombreux qui tendent à en entraver la marche.

M. **Dureaux**, président de la Société amicale des voyageurs de commerce de la place d'Orléans et du Loiret.

Électorat consulaire. — Pour les voyageurs et représentants âgés de 35 ans et ayant 10 ans d'exercice dans la même maison.

Cette réforme augmenterait le nombre des votants, car les commerçants, qui s'abstiennent généralement dans les élections consulaires, seraient renseignés par les voyageurs ; elle assurerait un règlement plus équitable des conflits entre patrons et voyageurs, ainsi que des liquidations judiciaires.

M. **Montlaur**, d'Alger.

Admission des voyageurs et représentants de commerce aux élections consulaires. — La Cour de Cassation a décidé, le 21 décembre 1878, qu'un représentant de commerce (même patenté) ne saurait être considéré comme commerçant, et n'a pas le droit d'être inscrit en cette qualité sur la liste électorale consulaire. La réforme proposée est importante surtout pour les représentants dans les colonies et les pays étrangers.

M. **Brochart**, vice-président de la Protection mutuelle.

Extension de la juridiction des prud'hommes aux voyageurs et représentants de commerce. — En 1888, à la suite de pétitions de nombreuses sociétés de voyageurs, M. Lockroy, ministre du commerce, fit voter par la

Chambre un projet de loi étendant la juridiction prud'homale à tous les employés de commerce de tous genres.

Le projet fut repoussé par le Sénat, devant lequel on fit valoir que, les prud'hommes ouvriers de l'industrie acceptant le mandat impératif, il en serait peut-être de même des prud'hommes commerciaux, et qu'on effraya par la perspective de la propagande socialiste dans les corporations d'employés de commerce.

Un projet analogue fut voté par la Chambre en 1892, sur l'initiative de MM. L. Legrand et Lockroy, il échoua également au Sénat.

Il serait bon de provoquer dans tout le pays un vaste pétitionnement en faveur de cette réforme.

M. **Louis Kosciusko**, du groupe socialiste des voyageurs et représentants de commerce.

Création de prud'hommes commerciaux. — Proposition de nommer une délégation qui demanderait au ministre de la justice de présenter un projet à cet effet, dans le sens des délibérations du Conseil supérieur du travail.

M. **Blanche**, président du Syndicat des représentants de commerce et des agents généraux d'assurances de Franche-Comté.

Revision du § 2 de l'art. 549 du Code de commerce : extension du privilège de trois à six mois. — Le paragraphe 2 de l'art. 549 du Code de commerce (loi du 6 février 1895) accorde un privilège aux commis et voyageurs de commerce, s'il s'agit d'appointements fixes, pour les salaires qui leur sont dus durant les six mois antérieurs à la déclaration de la liquidation judiciaire ou de la faillite ; s'il s'agit de remises proportionnelles ou de supplément d'appointements, le privilège n'est que de trois mois.

La jurisprudence n'accorde le privilège qu'aux voyageurs et le refuse aux représentants et courtiers de commerce ; elle se fonde sur les travaux préparatoires de la loi, notamment sur le rapport de M. Thézard au Sénat. Ils sont considérés comme de véritables négociants.

C'est une opinion fausse, car les représentants ne possèdent ni magasins, ni marchandises, ils n'opèrent, comme les commis-voyageurs, que sur des échantillons, ils ne font aucune avance de fonds et n'encourent d'autre responsabilité que celle encourue par le commis-voyageur. Les commissions qui leur sont allouées sont donc un véritable salaire, et l'assimilation entre voyageurs et représentants au point de vue du privilège serait justifiée.

Quant à la durée de ce privilège, elle devrait être la même pour les employés sédentaires et les voyageurs ou représentants. Les premiers peuvent prévoir une situation mauvaise et se faire payer plus régulièrement ; les autres, surtout les représentants, ne font régler leur compte qu'à intervalles éloignés et font des avances de fonds parfois élevées pour frais de voyages et de correspondance.

Vœu : qu'il soit ajouté, dans le texte de la loi du 6 février 1895, les mots « courtiers et représentants de commerce » à la suite du mot « voyageurs », et que le paragraphe 2 de l'article 549 du Code de commerce soit modifié comme suit :

« Le même privilège est accordé aux commis attachés

à une ou plusieurs maisons de commerce, sédentaires, voyageurs, représentants de commerce, savoir :

S'il s'agit d'appointements fixes...., de salaires, de remises proportionnelles allouées à titre d'appointements ou de supplément d'appointements, pour toutes les commissions qui leur sont définitivement acquises dans les *six derniers mois* précédant le jugement déclaratif, alors même que la cause de ces créances remonterait à une époque antérieure. »

M. **Richard** (Ernest), président de l'Association fraternelle des voyageurs et représentants de commerce de la région du Sud-Ouest, à Saintes.

Extension du privilège en cas de faillite de 3 à 6 mois et assimilation des représentants aux voyageurs de commerce devant les lois fiscales et commerciales. — Le privilège en cas de faillite est fixé par l'art. 549 du Code de commerce dont la rédaction a été modifiée à plusieurs reprises. Une proposition de M. P. Legrand tendant à étendre cet article aux commis-voyageurs, courtiers ou représentants de commerce, ne fut adoptée qu'en ce qui concernait les voyageurs et avec une distinction entre les voyageurs aux appointements fixes, dont le privilège est de six mois, et les voyageurs à la commission, qui n'ont qu'un privilège de trois mois.

Or, il y a la plus grande similitude entre le représentant et le voyageur ; en cas de faillite, le premier est même plus exposé que le second, car il doit le plus souvent faire l'avance de ses frais de voyages et de correspondance pendant un temps quelquefois très long.

Nous proposons le vœu :

Qu'il soit ajouté dans le texte de la loi des 6 et 9 février 1895 au mot *commis-voyageur* les mots *courtiers et représentants de commerce*, que l'article 549 du Code de commerce soit ainsi modifié :

« *Article unique.* — Le même privilège est accordé aux commis attachés à une ou plusieurs maisons de commerce, sédentaires, voyageurs, représentants ou courtiers de commerce, savoir : s'il s'agit d'appointements fixes ou commissions, pour les salaires qui leur sont dus durant les six mois antérieurs à la déclaration de la liquidation judiciaire ou de la faillite.

Et s'il s'agit de remises proportionnelles allouées à titre d'appointements, pour toutes les commissions qui leur sont définitivement acquises dans *les six derniers mois* précédant le jugement déclaratif, alors même que la cause de ces créances remonterait à une époque antérieure. »

Il ne faudrait pas admettre l'assimilation des représentants aux voyageurs de commerce devant les lois fiscales, ce serait la ruine des commerçants intermédiaires par la concurrence des courtiers et représentants d'occasion qui ne paient pas de patente et qui se multiplieraient si la patente imposée actuellement aux représentants était supprimée.

Nous proposons le texte suivant :

« Attendu que l'assimilation complète du courtier ou représentant de commerce aux voyageurs de commerce devant les lois fiscales ne produirait que des effets désastreux et irait à l'encontre de ce qu'on en attend, qu'elle porterait un préjudice évident au commerce, en général, le congrès international des voyageurs et représentants de commerce repousse toute espèce de vœu formulé en ce sens. Par contre émet le vœu qu'à tout agent ou employé de l'État, qu'à toutes les personnes placées directement sous son contrôle ou dans ses administrations, il soit interdit de faire acte de commerce de courtier ou de représentant.

Que des démarches soient faites auprès de Monsieur le ministre des finances, afin qu'il veuille bien donner des instructions aux agents placés sous ses ordres, et en particulier à Messieurs les contrôleurs des contributions directes, pour que toute personne faisant acte de commerce, à un titre quelconque, et ne payant pas de patente, signalée par les groupements corporatifs du commerce, rentre immédiatement dans le domaine de l'*Égalité devant la Loi*.

Qu'en outre, la législation en cours au sujet des patentes de courtiers et représentants de commerce soit modifiée dans un sens plus équitable et plus en rapport avec les *desiderata* du commerce. »

M. **Boyer**, président du syndicat des courtiers-représentants de commerce du département du Loiret.

Vœu tendant à ce que la patente imposée aux représentants de commerce soit établie d'une façon plus équitable et qu'une révision de la loi qui en régit l'application soit exigée dans un bref délai.

M. **Charrier**, du Syndicat des courtiers et représentants de commerce des Deux-Sèvres.

Extension du privilège de trois à six mois en cas de faillite. — Pour les voyageurs et représentants de commerce à la commission, au même titre que les commis voyageurs et les commis sédentaires.

M. **Roche** (Eugène), avocat à Lille, président de la Société des voyageurs et employés de commerce du Nord.

Fédération internationale et fédérations nationales des voyageurs et représentants de commerce. — La question, déjà abordée au congrès de 1889, a été étudiée au congrès de Bruxelles de 1897 par MM. Donaux et Fabry. Une commission fut nommée, prépara un projet de questionnaire à adresser à toutes les sociétés de voyageurs de commerce. Le projet fut adopté par le congrès, mais aucune suite n'y fut donnée.

(Suit un projet de statuts, reproduit dans le compte-rendu des séances, p. 92 et suiv.).

M. **Léger**, du groupe socialiste des voyageurs et représentants de commerce.

Fédération internationale. — La plus grande facilité des communications, la communauté des intérêts du prolétariat, font un devoir aux travailleurs de mettre celle-ci à profit pour la défense de ceux-là. Le capitalisme donne en cela le meilleur exemple ; à nous salariés de le suivre.

La présence de délégués étrangers à ce congrès nous donne toute facilité, nous vous exposerons un projet de fédération.

M. **Peillon**, de la Société mutuelle des voyageurs et

représentants de commerce de Saint-Étienne et du département de la Loire.

Vœu : Considérant que le principe de la création des fédérations nationales et internationales a été adopté par tous les délégués du congrès international des voyageurs et représentants de commerce de Paris, il serait désirable de voir donner à cet acte de solidarité si unanimement exprimé une sanction immédiate : j'ai l'honneur de proposer que dans un esprit de réciprocité adopté par tous les délégués, les sociétés représentées se confèrent entre elles le titre de sociétés honoraires exemptes du paiement de la cotisation.

Par cette adhésion, nous souderons d'une façon intime les bons rapports qui existent entre nous et que le congrès n'a fait que raffermir, démontrant par cela l'union et l'entente parfaite de tous les délégués et leur profond désir de voir se réaliser dans le plus bref délai la création des fédérations.

M. **Bardin**, vice-président de la Mutuelle de prévoyance des voyageurs de commerce.

Vote politique par correspondance. — Lorsqu'un voyageur de commerce se trouvera dans l'impossibilité de se rendre au lieu de vote de la circonscription dont il fait partie, il pourra prendre part à l'élection en remplissant les conditions suivantes : muni d'une pièce spéciale, délivrée gratuitement par la mairie de son domicile, constatant qu'il est bien inscrit sur la liste électorale, et qui tiendra lieu de carte, il se rendra avec des pièces constatant son identité ou deux témoins patentés, chez le juge de paix, le commissaire de police, ou le maire de la localité où il se trouvera en ce moment, et en la présence de l'un des susdits mettra dans une première enveloppe son bulletin de vote qu'il cachetera, il enfermera cette enveloppe et la pièce spéciale de la mairie de son domicile, dans une seconde qu'il adressera trois jours avant le vote, au président de la section de vote pour l'élection municipale ou législative avec la mention spéciale : *Vote exprimé.*

DEUXIÈME SECTION. — **Transports.**

M. **Mesplé**, de Condom.

Transports, délivrance des billets, cartes d'abonnement, réductions. — Les propositions suivantes sont celles réunissant le plus grand nombre de suffrages.

1° Déclassement, c'est-à-dire autorisation de voyager, par exemple en seconde classe avec un billet de troisième classe.

2° Création sous une forme quelconque de cartes ou billets kilométriques à employer à son gré sur tous les réseaux.

3° Augmentation de la franchise de 30 kilos accordée pour le transport des bagages.

4° Abaissement du tarif de transport des caisses d'échantillons voyageant comme bagages.

5° Faculté d'accès dans tous les trains sans conditions de parcours.

Il importe, avant tout, de distinguer entre ces cinq propositions, celles ayant un caractère d'intérêt général, car, seules, elles ont des chances d'être admises. Nous devons écarter résolument toutes celles tendant à demander pour les voyageurs de commerce, exclusivement, un traité privilégié ; ce serait aller au devant d'un échec certain. Nous protestons, très justement d'ailleurs, contre les faveurs accordées à certaines personnes et notre premier soin serait d'en solliciter pour nous ! En vérité, Messieurs, ce serait tout à fait illogique.

Je propose donc l'abandon pur et simple de la première et de la quatrième proposition : déclassement et transport à prix réduit des colis d'échantillons.

La réglementation et l'application de ces deux mesures seraient des plus malaisées : prenons, par exemple, le déclassement.

D'abord où commence la qualité de voyageur de commerce et où finit-elle ? Ce n'est pas une qualité définie d'une façon formelle et précise comme celles d'officier, de député, d'instituteur, qui résultent d'un titre officiel, indéniable, ne prêtant à aucune équivoque, c'est une profession libre, ouverte au premier venu. S'il n'existait que des voyageurs en titre attachés exclusivement à une maison, on pourrait, peut-être, nous identifier, soit sous la responsabilté de nos patrons, soit par l'intermédiaire des chambres de commerce : encore cela me paraît-il douteux ; mais, ne l'oublions pas, il y a parmi nos honorables confrères une infinité de personnes voyageant, soit pour leur propre compte, soit à la commission, ne relevant par conséquent que d'elles-mêmes et ne pouvant donner d'autre garantie de leur qualité de voyageurs de commerce que leur seule affirmation. Faudra-t-il les croire sur parole ? Alors nous verrions une foule de gens peu scrupuleux s'intituler voyageurs à la commission et revendiquer les bénéfices attachés à ce titre. Comme il serait à peu près impossible de contrôler l'exactitude de leur affirmation il s'en suivrait des fraudes nombreuses, des contestations à l'infini, des réclamations innombrables. Jamais les compagnies n'entreront dans une voie aussi féconde en abus de toutes sortes.

Des raisons du même ordre m'ont conduit à rejeter

également la quatrième proposition : transport des caisses d'échantillons à prix réduit. Outre qu'elle n'aurait pas un caractère d'utilité générale, condition indispensable du succès, la mesure serait contraire au principe d'égalité de taxe voulu par la loi. Seules les personnes voyageant avec un excédent de poids y trouveraient un avantage et comme, en fin de compte, les compagnies ont besoin d'encaisser une recette kilométrique déterminée, elles rétabliraient l'équilibre en refusant d'autres dégrèvements plus nécessaires que celui qui nous occupe.

Je conclus donc que les deux propositions ne répondent pas à l'intérêt général et n'ont par suite aucune chance d'aboutir.

Une des choses les plus souhaitables serait la vente de kilomètres sous forme de carnet ou de billet, avec faculté d'utiliser dans tous les sens et sur tous les réseaux les kilomètres ainsi achetés. Cette combinaison offrirait en effet, selon moi, des avantages considérables,à une condition cependant, c'est qu'elle permette de réaliser une économie sur le système de cartes à demi-tarif en vigueur actuellement, sans cela ce ne serait pas la peine de changer. J'ai donc recherché quels étaient les réseaux étrangers délivrant des billets kilométriques. A ma connaissance il n'y en a que deux : réseau hollandais et réseau badois. J'ai adressé à ces administrations une demande de renseignements, à laquelle elles ont bien voulu répondre avec une complaisance dont je les remercie, et l'étude des documents qu'elles m'ont fourni me permet de recommander à votre attention le carnet kilométrique système badois comme pouvant rendre de très grands services.

Il consiste en un livret valable pour un parcours total

de 1.000 kilomètres à effectuer, en tous sens, au gré du preneur, dans un délai d'*un an*, à dater du jour de l'émission.

Les prix de ces livrets sont de :
75 francs en 1re classe, soit : 7 1/2 centimes le kilomètre ;
50 francs en 2e classe, soit : 5 centimes le kilomètre ;
31 fr. 25 en 3e classe, soit : 3 1/4 centimes le kilomètre.

Le rabais par rapport au prix allemand à plein tarif est de 25 % à 28 % suivant la classe du billet.

Ce rabais, déjà élevé relativement, a encore l'avantage considérable de pouvoir profiter à d'autres que le titulaire du carnet ; en effet, il est valable, dit le règlement « pour le titulaire, sa famille, ses employés et ses domestiques, soit que ces personnes voyagent conjointement, soit qu'elles se déplacent isolément ».

Le mode d'usage du billet badois est des plus simples. Il suffit d'inscrire, soi-même, dans les cases disposées à cet effet les noms des stations de départ et d'arrivée avec la distance kilométrique entre elles ; on répète cette opération autant de fois qu'il y a de personnes à faire partir et ensuite on additionne le nombre de kilomètres ainsi obtenus avec celui des kilomètres déjà parcourus, on fait oblitérer le chiffre total au guichet de la gare de départ et ainsi de suite, jusqu'à complet épuisement des 1.000 kilomètres payés d'avance.

Je n'entre pas dans l'analyse d'une foule de dispositions très pratiques, telles que le droit d'accès dans les express, le remboursement, sous certaines conditions, des kilomètres non utilisés.

Les billets badois sont d'un type unique, valable pour 1000 kilomètres. Dans le cas où nous parviendrions à faire introduire en France un système analogue, il me paraîtrait nécessaire de demander des carnets pour un parcours plus long, par exemple par coupures de cinq mille, dix mille et même vingt mille kilomètres. Le prix en devrait être calculé suivant un tarif dégressif, de telle sorte qu'un livret de dix mille kilomètres représente un rabais de cinquante pour cent par rapport au prix du tarif général. L'administration allemande m'a informé que l'émission de nouveaux carnets par cinq mille kilomètres est à l'étude et près d'être adoptée.

Au point de vue spécial de notre profession, j'estime que le billet badois est très pratique, le fonctionnement en est simple, il est économique et rendrait les plus grands services à ceux de nos confrères parcourant moins de 12.000 kilomètres par an. Je vous propose d'émettre le vœu que ce billet soit créé en France, conforme au type allemand, dans le plus bref délai possible.

Dans ma pensée ce carnet kilométrique ne doit être qu'un premier pas dans la voie du progrès. Pour ceux d'entre nous effectuant un parcours supérieur à 10.000 kilomètres par an, une chose s'impose : c'est la carte d'abonnement général valable sur tous les réseaux français et permettant de faire un nombre de courses illimité, moyennant une somme fixe payée d'avance et une fois pour toutes au début du contrat.

Ces sortes d'abonnement ne sont pas une nouveauté : ils existent déjà et fonctionnent à la satisfaction générale en Belgique, en Suisse, en Hollande, en Wurtemberg et même, quelque surprenant que cela vous puisse paraître,... en France ! Théoriquement seulement, bien entendu (Tarif général commun G. V. 103), car ils n'ont pas pu passer dans la pratique, ayant été tarifés à un prix tellement exagéré qu'il est impossible d'en faire usage. Voici les prix français, jugez-en : 1re classe : 3600 francs par an; — 2me classe : 2700 francs ; — 3me classe : 1800 francs.

Ces prix représentent la valeur de 36,000 kilomètres environ payés à plein tarif ; permettez-moi de dire qu'il y a eu là, de la part des compagnies, une erreur absolument inconcevable d'appréciation. Personne ne dépense et n'utilise assez de chemin de fer pour justifier un pareil tarif. En effet, il faut bien admettre que nul ne consentirait à prendre un abonnement, à en solder le prix d'avance, à courir l'aléa d'une maladie, d'un décès, ou de toute autre cause d'interruption de voyages, s'il ne devait pas en résulter, pour lui, une économie. Pour pouvoir raisonnablement payer le prix français, il faudrait parcourir au moins soixante-dix mille kilomètres par an. Eh bien, Messieurs, je le répète, *personne ne fait, et ne peut faire*, un chemin aussi considérable; il faudrait, pour y arriver, passer ses journées toutes entières en wagon, pendant les trois cent soixante-cinq jours de l'année.

Les voyageurs de commerce sont, certainement, les plus importants consommateurs de kilomètres, leur moyenne est, en tous cas, bien supérieure à celle du public ordinaire; or cette moyenne est pour eux, de quatorze à seize mille kilomètre par an ; ceux dépassant vingt mille sont l'exception ; bien peu atteignent à trente mille, aucun, pour ainsi dire, ne va au delà. Quant aux simples touristes, même les plus fervents, les plus intrépides, leur moyenne de voyage est bien inférieure aux chiffres que je viens de citer. Nous voici bien loin des trente-six mille kilomètres payés à plein tarif, pris par les compagnies francaises pour bases de leurs calculs. J'ai donc le droit de dire qu'elles se sont lourdement trompées, à moins, ce que je me refuse à croire, que le tarif précité ait été un simple leurre.

Je sais bien qu'on invoquera l'exemple d'un monsieur faisant une fois par semaine le trajet de Paris à Nice, Dunkerque à Bayonne ou vice-versa. Je ne nie pas l'existence de ce voyageur phénoménal, mais c'est le vrai *rara avis*.

Je prends comme base de discussion le chiffre exact de 15.000 kilomètres représentant le parcours annuel moyen d'un voyageur de commerce. Je consens à admettre que, le jour où nous aurions en poche une carte de circulation permanente, nous nous déplacerions peut-être un peu plus, et nous élèverions légèrement cette moyenne. L'écart, croyez-le bien, ne sera cependant pas énorme.

Nous savons tous, par expérience, que lorsqu'on a effectué par obligation professionnelle un trajet de quinze mille kilomètres, on ne se résout pas aisément à aller au-delà. Cependant, pour aller au devant des objections possibles, admettons que la moyenne des parcours s'élève de 20 o/o et atteigne 20.000 kilomètres.

Si j'examine maintenant le rabais consenti par les compagnies en faveur des personnes parcourant 20.000 kilomètres, soit au moyen de billets d'excursion (tarif commun G. V. 105), soit au moyen de cartes d'abonnement sur les sections de réseaux (tarif G. V. 103), je constate que ce rabais est de 66 o/o environ dans le premier cas, et de 77 o/o dans le second cas. En demandant à être traités sur le même pied que les touristes porteurs de billets d'excursions, nous restons dans les limites de la plus stricte équité ; personne, je crois, ne pourra soutenir de bonne foi que nos prétentions soient exagérées et injustifiables.

Je dis alors : il est prouvé que nous ne pouvons pas parcourir en moyenne plus de 20.000 kilomètres par an, par conséquent le prix d'une carte d'abonnement général devra être exactement le prix d'un billet circulaire de 20.000 kilomètres, calculé d'après le barème en vigueur pour les billets du tarif G. V. 105, soit :

355 fr. par an en 3e classe	pour une carte d'abonnement général valable sur tous les réseaux français, pendant un an
483 fr. par an en 2e classe	
694 fr. par an en 1re classe	

Ces chiffres, vous le voyez, ne sont pas arbitraires, ce sont ceux d'un tarif élaboré par les compagnies, homologué, en vigueur, et que le premier venu peut utiliser. Cela constitue un précédent et je ne vois pas quelle raison on pourrait invoquer pour nous refuser le bénéfice de ce qui est accordé à d'autres, à la durée de validité près.

En Suisse, la carte d'abonnement général pour un an coûte : 300 francs en 3e classe, — 420 francs en 2e, — 600 francs en 1re. En Belgique, où les trains ne comportent que deux classes, la carte d'abonnement est taxée : 360 francs en 2e classe, — 630 francs en 1re.

On m'a déjà fait observer que, les réseaux suisse et belge étant beaucoup moins étendus que les nôtres, la taxe devrait forcément être plus élevée en France. C'est là, je l'affirme, une erreur absolue. J'ai établi plus haut que nous ne pouvons pas parcourir plus de 20.000 kilomètres par an, peu importe donc la longueur des lignes. Le réseau européen, tout entier, serait-il mis à notre disposition, nous n'en pourrons jamais user que dans la mesure de nos forces.

Les compagnies objectent que la délivrance de cartes d'abonnement ou de billets kilométriques est difficilement compatible avec le système français accordant à chaque voyageur une franchise de 30 kg. de bagages. Elles prétendent qu'il serait aisé de frauder et d'expédier gratis à l'aide de ces cartes ou billets, des bagages et des marchandises dans toutes les directions. Je répondrai qu'il leur appartient de rechercher une réglementation propre à sauvegarder leurs intérêts. Elles pourraient exiger, par exemple, que les colis fussent retirés, dès l'arrivée du train, par leur propriétaire muni de son bulletin de bagages et de sa carte d'abonnement, les deux pièces devant être présentées conjointement. D'autres systèmes peuvent être étudiés, le problème n'est pas insoluble, on trouvera certainement un moyen de garantir les droits des compagnies, sans léser les voyageurs. En tous cas, on pourrait édicter contre les fraudeurs des pénalités assez sévères pour les décourager.

La création d'une carte d'abonnement général serait la réforme la plus intéressante pour nous. Elle offrirait l'avantage énorme de désencombrer les guichets, d'accélérer et de simplifier les services, chose qui ne saurait laisser indifférentes les compagnies. Si elle semble, tout d'abord, devoir faire baisser le chiffre des recettes, elle ne tardera pas à les ramener au taux normal et probablement même à les accroître à bref délai par le supplément de trafic qu'elle déterminera. Il est admis que les compagnies ne gagnent pas d'argent sur les transports des voyageurs, mais, comme ce mouvement de voyageurs entraine forcément, après lui, un mouvement parallèle de denrées et de marchandises de toute nature, il en résulte que, l'ensemble du trafic s'élevant, les recettes et les bénéfices s'élèvent aussi. La carte d'abonnement ne nuira pas aux intérêts des chemins de fer, elle nous rendra, par contre, de très réels services et je vous propose d'émettre un vœu en faveur de son adoption.

Beaucoup de nos camarades se servent aujourd'hui des billets circulaires à itinéraires facultatifs. Ces sortes de billets sont commodes dans certains cas, et ils pourraient être utilisés bien mieux encore, si les compagnies consentaient à en augmenter la validité, manifestement trop courte. A l'époque, déjà ancienne, où la Compagnie des chemins de fer P.-L.-M. d'abord, puis celle de l'Est émirent les premiers billets circulaires à itinéraire fixe ou facultatif, la validité était, je crois, de quatre-vingt-dix jours au minimum. Elle fut réduite considérablement au moment où tous les réseaux adoptèrent ce système. Il est absolument nécessaire que les compagnies reviennent aux dispositions primitives et je vous propose de demander que les conditions générales du tarif commun G. V. 105 soient modifiées comme suit, en ce qui concerne la validité et les prolongations prévues :

60 jours pour les parcours inférieurs à 3000 kilomètres, 120 jours pour les parcours de 3000 kilomètres et au dessus. Et que la durée de validité puisse être, à deux reprises, prolongée pour une période égale à la première moyennant le payement d'un supplément de prix de 10 %.

En qui concerne les cartes de circulation à demi tarif, je me borne à me rallier entièrement aux vœux déjà formulés, notamment par la « Société de protection mutuelle des voyageurs » qui, dans une lettre adressée en janvier dernier à Monsieur le ministre des travaux publics, demandait que les nouveaux prix établis par les compagnies réunies Nord, Est, Ouest, soient adoptés par les autres compagnies, et que des cartes à demi-tarif, valables sur tous les réseaux, soient délivrées à ces prix le plus tôt possible.

Je désire cependant signaler la nécessité d'abroger le premier paragraphe de l'art. 2 du tarif commun G. V. 101. Ce paragraphe est ainsi conçu :

« Tout porteur d'une carte de circulation à demi-place qui monte dans un compartiment d'une classe supérieure à celles pour lesquelles ladite carte est valable, est tenu de payer intégralement le prix de sa place au tarif des billets simples. »

Je ne saurais trop protester contre cette interprétation qui constitue une criante injustice. En payant d'avance le prix stipulé pour une carte à demi-place en 2e classe, par exemple, le voyageur a acquis le droit imprescriptible d'être transporté à demi-tarif. Le jour où il désire monter en première classe, il doit payer le prix intégral de sa place en première, mais défalcation faite de la valeur de son demi-billet en seconde classe. Les compagnies n'ont pas le droit de ne pas tenir compte de la somme préalablement versée et de s'en approprier le montant. En agissant ainsi les compagnies perçoivent plus que le tarif légal, puisqu'elles encaissent pour un même trajet la moitié du prix du transport en 2e classe et le prix total du billet en première. Aucun règlement, aucun contrat ne peut prévaloir contre la justice et le bon droit, et je vous propose, Messieurs, de réclamer énergiquement l'abrogation de cette disposition léonine qui ne saurait être maintenue sans aller contre l'esprit de la loi.

Le droit d'accès dans tous les trains sans condition de parcours serait pour les voyageurs de commerce une réforme très importante. Il est bien certain que cette mesure ne pourra jamais être appliquée intégralement, mais, avec un peu de bonne volonté, on pourrait nous en faire profiter dans la plupart des cas. Les compagnies objecteront, sans doute, la nécessité de ne pas surcharger outre mesure les trains express, et l'obligation, par suite, de les réserver aux voyageurs à long parcours. Il ne faut pas oublier, en effet, que les express sont destinés avant tout à assurer les grandes communications, la correspondance aux intersections de réseaux et que pour leur conserver la rapidité et la régularité de marche indispensables, il est nécessaire de les soustraire à toutes les influences locales, à tout ce qui peut amener à certains moments et sur des points variables une affluence inusitée de bagages ou de voyageurs. Ces trains sont composés d'un nombre déterminé de voitures d'un type spécial, le nombre probable des voyageurs est prévu d'avance, les arrêts sont réduits au strict minimum, toutes ces raisons imposent l'obligation de ne pas admettre tout le monde dans les express. Sans quoi, il suffirait d'une fête, d'une foire, ou de tout autre motif amenant dans une ville un mouvement imprévu et exceptionnel, pour détruire toutes les prévisions de l'horaire ; il n'y aurait plus d'express possibles.

Cependant, je pense qu'en limitant aux seuls porteurs de cartes à demi-tarif, de billets circulaires et de cartes d'abonnement, le droit d'accès dans tous les trains sans condition de parcours, on réduirait au strict nécessaire le nombre des personnes appelées à bénéficier de cette faveur et on éviterait l'encombrement redouté par les compagnies.

Dans toutes les gares où existe un agent comptable, on devrait avoir la faculté de prendre ses billets ou d'enregistrer ses bagages à toute heure pour toutes les destinations. Le service y gagnerait en régularité, car l'encombrement, la bousculade, fréquents au dernier moment, seraient ainsi évités. Ce système est déjà mis en pratique dans certaines grandes gares, telles que Lyon, Marseille et je sais qu'il donne d'excellents résultats ; il faut en demander l'extension à toutes les stations où le nombre d'agents est suffisant pour l'appliquer.

Nous devrions aussi insister pour que les compagnies donnent à leurs agents des instructions tendant à ce que les règlements en vigueur soient interprétés dans l'esprit le plus large. Qui de nous n'a eu à se plaindre maintes fois du refus d'enregistrement de ses bagages, pour des stations situées au delà du point de destination de son billet sur des embranchements, ou même avec deux coupons de retour se soudant l'un à l'autre. Lorsque l'arrêt ou le battement entre les deux trains est insuffisant, il est souvent difficile de ne pas manquer sa correspondance. Tous ces petits détails n'ont pas une grande importance sans doute, mais il n'en sont pas moins gênants, et ils motivent fréquemment des réclamations aussi ennuyeuses pour le public que pour les agents.

L'enregistrement des bagages au départ donne souvent lieu entre les agents et le public à des contestations au sujet de la justesse des bascules. Le public est mécontent de se voir appliquer une taxe supplémentaire de 10 kg. pour un excédent insignifiant de 1 ou de 2 kilogs; les agents se retranchent derrière le règlement. Le barème actuel pour le prix de transport des excédents de bagages est calculé comme suit: pour les poids entre 0 et 10 kilogs, la perception se fait par fractions indivisibles de 5 kilogs; pour les poids au-dessus de 10 kilogs la perception se fait par fractions indivisibles de 10 kilogs en arrondissant toujours la somme sur le chiffre supérieur. Par conséquent 41 kilogs payent comme 50, 51 kilogs comme 60 et ainsi de suite. J'estime qu'il y a là une injustice, car, par ce système, les compagnies perçoivent journellement une somme très supérieure à celle qui leur est réellement due. Pour être juste, il faut que la perception se fasse sur les bases suivants: que la première moitié de la fraction de 10 kilogs soit laissée au profit du voyageur et que la seconde moitié seule demeure acquise à la compagnie. Ainsi un excédent de 54 kilogs, par exemple, sera taxé comme 50 kilogs, tandis qu'un excédent de 55 kilogs payera pour 60.

Tout en étant conforme à la simple justice, ce système éviterait bien des réclamations, car ce qui est vexant et pousse le public à récriminer, ce n'est pas de payer pour le poids réel qu'il transporte, mais de voir la compagnie forcer toujours la décimale à son profit et percevoir le prix du transport de huit ou neuf kilogs n'existant pas. Quelques personnes m'ont parlé de remédier à cet état de choses en calculant les barèmes par fraction de 1 kilog. Ce ne serait pas applicable, en voici les raisons: d'abord, dans bien des cas, l'écart de prix entre une fraction et la suivante serait inférieur à cinq centimes, d'où impossibilité de percevoir la taxe exactement due ; ensuite, les bascules ne peuvent pas, matériellement, conserver une justesse absolue à un kilogramme près, il est nécessaire de laisser un certain flottement, afin d'éviter les contestations qui résulteraient sans cesse de l'application étroite et rigide d'un tarif calculé trop rigoureusement. Que les compagnies conservent donc le fractionnement actuel, mais en abandonnant au public la moitié de la fraction.

Avant de terminer ce travail, je voudrais parler d'une dernière question. Il existe un comité dit « consultatif des chemins de fer », rattaché au ministère des travaux publics, et chargé d'éclairer le ministre sur toutes les questions relatives aux chemins de fer.

Ce comité comprend, outre les fonctionnaires du ministère, des députés, des sénateurs, des délégués des chambres de commerce, des ingénieurs, des grands industriels et d'autres personnes. J'estime que nous devrions y être représentés, non seulement au point de vue étroit de nos intérêts, mais aussi en toute équité. Sans méconnaître la très grande importance des questions traitées par ce comité, telles que l'étude de la législation internationale, des tarifs de transport français et étrangers, de leurs conséquences économiques, de leur répercussion sur le trafic général, de ce qui est, en un mot, la partie théorique de l'industrie des chemins de fer, je crois qu'il n'est pas inutile, parfois, de traiter aussi certaines questions d'ordre plus modeste et, cependant, intéressantes pour la masse du public. Or, par nos rapports continuels avec les compagnies, nous sommes forcément au courant de bien des choses, qui échappent au haut personnel des administrations ; nous pouvons être souvent plus documentés qu'on ne le pense ; notre expérience pratique nous permettrait fréquemment d'apercevoir, de deviner paravance, les imperfections de certaines mesures projetées et de les faire modifier en temps utile ; nos avis, croyez-le bien, ne seraient pas toujours négligés ; ils pourraient, en maintes circonstances, être fort utiles.

Comme l'indique son nom, ce comité n'a, il est vrai, qu'un rôle consultatif ; ses avis ne lient pas le ministre, mais ils pèsent d'un grand poids dans ses décisions. Je vous engage, Messieurs, à insister pour que trois de nos collègues, exerçant leur profession sans interruption depuis dix ans au moins, soient appelés à faire partie du comité consultatif des chemins de fer. Ils y pourront défendre nos intérêts d'une façon efficace ; ils seront tout naturellement nos intermédiaires auprès des pouvoirs publics et des administrations de chemins de fer, et, tout en servant l'intérêt général, ils peuvent rendre à notre cause les plus précieux services.

Nous avons donc l'honneur de proposer au congrès de vouloir bien émettre les vœux suivants, et nous ajouterons : il serait extrêmement utile que les diverses sociétés et fédérations de voyageurs françaises, s'entendissent en vue d'une action commune, pour en assurer à bref délai la réalisation.

1° Création d'une carte d'abonnement général valable sur tous les grands réseaux français. Le prix de cette carte ne devant pas dépasser : cinq cents francs par an pour la troisième classe ; sept cent cinquante francs par an pour la seconde classe ; et mille francs par an pour la première classe.

2° Création de cartes de circulation par coupures de

mille kilomètres à parcourir, au gré du preneur, dans un délai à déterminer, et valables sur tous les réseaux.

3° En attendant la création des deux cartes ci-dessus désignées, obtenir des compagnies de chemins de fer :

a) Que la validité des billets circulaires (tarif G. V. 105) en usage actuellement soit porté à 60 jours pour les parcours inférieurs à 3,000 kilomètres, et 90 jours pour les parcours supérieurs à ce chiffre ;

b) Que ces billets puissent être prolongés d'une durée égale à leur validité initiale, moyennant le payement d'un supplément de prix de 10 %;

c) Que les compagnies donnent à leurs agents des instructions pour que les règlements en vigueur soient interprétés dans l'esprit le plus large et d'une façon uniforme, en ce qui concerne l'enregistrement des bagages avec billets ou coupons se soudant les uns aux autres, la facilité de prendre ses billets et d'expédier ses bagages à toute heure et pour toutes les destinations, dans les gares de la plupart des villes ;

d) Que les porteurs de billets circulaires soient autorisés à monter dans les trains comportant des voitures de leur classe, sans condition de parcours, et que cette facilité soit étendue aux porteurs de cartes à demi-tarif (G. V. 101) et éventuellement aux cartes d'abonnement ou de parcours qui pourraient être ultérieurement créées.

4° Que la carte délivrée au chef d'une maison de commerce soit valable pour ses associés, s'il en a ; et aussi pour ceux de ses employés qu'il fera inscrire à cet effet à la gare de sa résidence, en donnant certaines garanties à déterminer, telle qu'une autorisation écrite, légalisée et dont un duplicata serait déposé à la gare.

5° Que, dans le calcul du prix de transport pour les excédents de bagages, les fractions de poids profitent alternativement et par moitié aux voyageurs et aux compagnies. C'est-à-dire que les poids variant entre 100 et 105 kilos, payent la taxe comme 100 kilos seulement ; et que les poids entre 105 et 110 kilos, soient taxés pour 110 kilos.

7° Enfin, que deux voyageurs de commerce français, exerçant leur profession d'une façon ininterrompue depuis dix ans au moins, soient appelés à faire partie du comité consultatif des chemins de fer en qualité de membres titulaires, avec voix délibérative.

M. **Henri Montalant,** à Paris.

Amélioration des moyens de transports. Carte spéciale de circulation kilométrique. Conditions et usage de la convention.

1° Présenter sa convention au guichet.

2° Payer le plein tarif pour la destination demandée.

3° S'assurer que le receveur a bien apposé le timbre humide et inscrit lisiblement le n° de la convention au verso du billet.

4° Les billets remis au titre « convention » restent soumis à toutes les obligations de contrôle des billets ordinaires, le titulaire devant, en même temps que son billet, présenter sa convention à tout agent de la compagnie ayant qualité pour contrôler et à toute réquisition.

5° A la sortie des gares, le titulaire, sa convention à la main, présentera son billet à l'employé chargé de prendre les billets; l'employé, après l'examen du billet, le remettra au titulaire qui le conservera pour le faire concourir au décompte final.

6° Le billet n'est valable que pour la destination et la classe qui y sont indiquées. Tout déclassement s'opère dans les conditions ordinaires.

7° Les bagages ne peuvent être enregistrés que pour la destination indiquée sur le billet.

8° Les billets remis au titre « convention » restent donc soumis à toutes les règles usitées pour les billets ordinaires.

9° Le titulaire est tenu de s'assurer par lui-même s'il reste, de par ses parcours effectués, dans la limite de la distance prévue sur la convention. Tout ce qui dépassera cette distance ne concourra pas au décompte.

10° Ne pourra concourir au décompte qu'une même destination pour 24 heures.

11° Dans le cas où le titulaire aura terminé son parcours total avant l'échéance fixée, il pourra faire régler son compte au taux prévu par la distance et le temps inscrit sur la « convention ».

12° Tout titulaire voyageant avec un billet périmé sera déchu des droits afférents à sa convention, sans préjudice des poursuites judiciaires qui pourront être exercées contre lui pour tentative de fraude.

De plus il perdra pour une année la faculté de renouveler sa convention. Cette année courra à partir de la date de l'échéance de la convention saisie.

13° Le titulaire, la distance indiquée sur sa convention étant épuisée, remettra convention et billets au chef de telle gare qui lui conviendra. Un délai de 10 jours sera nécessaire pour le règlement du compte, qui sera remis au titulaire dans telle gare qu'il aura désignée à cet effet, et où il pourra toucher son compte.

14° Il pourra faire la demande d'une nouvelle convention pour telle date qui lui conviendra pour la faire succéder à celle en cours, mais la nouvelle convention ne pourra partir que du lendemain de l'expiration de la précédente.

Un barême sera établi pour déterminer l'escompte suivant les distances et la durée des conventions. Les diverses compagnies concourront à l'attribution de l'escompte au prorata des kilomètres parcourus sur leur réseau.

Billet kilométrique. — La carte porte, sur la couverture, la durée de validité, le nombre de kilomètres (répété en tête de chaque feuillet), et, à l'intérieur, la photographie du titulaire. La couleur détermine la classe.

Le billet est valable pour tous les trains de la classe indiquée, quelle que soit la distance à parcourir.

Au départ, le receveur applique un timbre humide sur le billet et inscrit les stations de départ et d'arrivée et le nombre de kilomètres.

Le titulaire présente son carnet à toute réquisition; s'il dépasse la station de destination, il paie le tarif plein. Il peut s'arrêter en cours de route, sauf à réclamer un laissez passer. Les bagages seront enregistrés pour la désignation indiquée sur le carnet.

Une fois le nombre de kilomètres épuisé, le carnet est envoyé au contrôle central des sept grandes compagnies qui fait entre les compagnies le partage de la somme versée lors de l'achat du carnet.

Ce carnet est individuel et part du 1er janvier.

En cas de perte, avis est donné à la compagnie qui l'a délivré et qui remet un nouveau billet, défalcation faite des parcours effectués.

Si le carnet est épuisé, il en est délivré un nouveau aux mêmes conditions.

M. **Pacot**, du groupe socialiste des voyageurs et représentants de commerce.

De la réduction des prix de transport des voyageurs et représentants de commerce. — Les différentes combinaisons mises à l'essai ou adoptées par les compagnies pour favoriser les voyageurs à longs parcours n'ont pas amené les améliorations que ceux-ci sont en droit d'attendre.

Le livret G. V. 105, ne peut être adopté que par un nombre restreint ; de plus, il occasionne des retards fréquents aux guichets par la différence d'interprétation que lui accordent certains fonctionnaires.

L'abonnement au demi-tarif, bien que plus répandu, est presque un leurre par la distance à parcourir pour arriver à bénéfice, la perte du droit à l'aller et retour, l'avance d'une somme relativement élevée, et, ce qui est pis, la perte de tout droit de réclamation.

Nous croyons la création d'un carnet kilométrique plus rationnelle et vous en présentons un projet. Ce mode aurait l'avantage de favoriser les voyageurs à longs parcours et de simplifier la comptabilité des compagnies. Ce carnet, payable par trimestre, donnerait droit à une remise de :

15 °/₀ pour 1.000 kilom.		30 °/₀ pour 10.000 kilom.	
20 °/₀ — 2.500 —		35 °/₀ — 15.000 —	
25 °/₀ — 5.000 —		40 °/₀ — 20.000 —	

le paiement en une seule fois donnant droit à 5 % supplémentaires. Valable pour un an, ce carnet devrait laisser à son possesseur les mêmes droits que ceux dont jouissent les voyageurs à plein tarif.

Il serait formé de feuilles de timbres mobiles, gommées, dont le chiffre exprimerait des kilomètres et la couleur la classe adoptée. Ces timbres remis au guichet en paiement du billet seraient collés sur un livre ad hoc dont le relevé quotidien serait ajouté à la recette en espèces.

M. **Blondeau**, du Syndicat des représentants de commerce et de l'industrie, à Besançon.

Vœu : 1° Que les voyageurs munis d'un billet de chemin de fer puissent s'arrêter de droit, pendant tout le jour où le billet aura été délivré, dans toutes les stations situées sur le parcours ;

2° Qu'il soit établi par toutes les compagnies de chemins de fer un carnet-chèque kilométrique, dont le coût serait à base décroissante ;

Qu'il soit accordé des réductions de tarifs pour le transport des bagages et colis d'échantillons ;

4° Qu'il soit accordé des réductions sur les tarifs de transport concernant les localités dotées de transit international.

M. **Buret** (Romain), administrateur de l'Association des voyageurs, Bd Sébastopol (Paris).

Projet de carnet kilométrique.— Après avoir demandé le déclassement, l'abonnement général, les bons kilométriques valables pendant un an, les voyageurs ont obtenu le carnet à itinéraire facultatif ; mais ce carnet a l'inconvénient de ne pas permettre une modification de l'itinéraire adopté et, de plus, d'être d'une durée trop courte. Le carnet kilométrique serait le meilleur système.

Il serait fait pour un petit parcours et renouvelé à volonté, de sorte que l'itinéraire serait modifié à la guise du titulaire. On délivrerait au voyageur deux carnets à souche revêtus de sa photographie et de sa signature légalisée ; le premier serait confectionné avec des feuilles à détacher d'un talon restant dans le carnet. l'abonné tracerait son itinéraire sur les feuilles à détacher, le second carnet serait garni de chèques avec talons, l'abonné répéterait son itinéraire sur le chèque qu'il remettrait en paiement de la feuille extraite du premier carnet.

Les carnets seraient communiqués à toute réquisition. La feuille d'itinéraire serait laissée au point-terminus.

Le déclassement s'opérerait au moyen de chèques supplémentaires à valoir sur l'abonnement de 2e ou de 3e classe composé d'un nombre de kilomètres à fixer selon la distance et l'importance du développement.

L'itinéraire en cours pourrait être suspendu pendant un délai à déterminer.

Il serait important, avant de présenter ce projet, d'obtenir la réduction de 75 % pour tout titulaire d'une carte B du prix de 200 francs.

M. J. **Cousin**, délégué de l'Association fraternelle des voyageurs et représentants de commerce du Sud-Ouest.

Faculté, pour les voyageurs à demi tarif, de prendre tous les trains ; émission d'une carte de circulation nouvelle, d'un prix unique, et donnant une franchise de 50 kilogs pour le transport gratuit des bagages.

1° Modification de l'article 2 du contrat imposé aux voyageurs à demi-tarif, qui interdit toute réclamation ou action en cas de retard faisant manquer la correspondance.

2° Vœu que tout porteur d'une carte à demi tarif B ou C soit autorisé à monter dans une voiture d'une classe supérieure, à la condition qu'il soit tenu compte, dans le supplément à payer, du bénéfice de 50 o/o conféré par la carte.

3° Vœu que tout porteur d'une carte à demi tarif puisse prendre tous trains comportant des voitures d'une classe correspondante.

4° Vœu que les barèmes collectifs et régionaux soient unifiés.

5° Création d'une carte de circulation contenant la photographie et la signature du titulaire, donnant droit à tous les trains avec une réduction de 50 o/o en 1re classe, de 40 o/o en 2e, de 30 o/o en 3e et une franchise de bagages de 50 kilos en 1re, de 40 en 2e, de 30 en 3e classe.

M. **Nadal** (Paul), de l'Union des voyageurs de commerce de la Suisse romande.

Du meilleur système à préconiser pour la délivrance des billets de chemins de fer et de la réduction des prix de transport des voyageurs et représentants de commerce.

En Suisse, les guichets sont nombreux : dans les stations importantes, chaque ligne a le sien.

Les billets permettent de s'arrêter à toute station. La durée des billets simples varie de un à plusieurs jours, celle des billets d'aller et retour est uniformément de 10 jours.

Le contrôle se fait dans les voitures, l'accès des quais est libre.

Le système actuel en Suisse est transitoire : la Confédération exploitera, en 1903, 4 réseaux et le cinquième en 1909. Le nombre et la vitesse des trains seront augmentés. La plupart des trains, même express, comportent des voitures de 3me classe. Les voitures sont à couloir.

Les taxes actuelles, très variables suivant les réseaux, seront unifiées par le Conseil fédéral. Les billets d'aller et retour comporteront une réduction de 25 p. 100 en 1re classe, de 31,5 p. 100 en 2me classe, de 37,5 p. 100 en 3me classe.

L'abonnement général existe en Suisse ; il est très avantageux par le bon marché, et par le droit de circulation sur tout le réseau sans obligation de prendre un billet.

Le billet kilométrique, pratiqué dans le grand duché de Bade, présente de grands avantages : tous les membres de la famille ou de la maison de commerce peuvent l'employer, il est valable un an et permet au voyageur de rentrer à tout instant ; mais il a l'inconvénient d'amener des difficultés de contrôle ; de plus, il faudrait en abaisser le prix du kilomètre pour qu'il y ait avantage sur le système de l'abonnement général.

Nous concluons au maintien du billet établi en Suisse, donnant droit à l'arrêt dans toutes les stations intermédiaires, tant à l'aller qu'au retour ; au maintien du billet d'aller et retour, valable 10 jours, avec contrôle dans les trains de façon à ce que les gares restent ouvertes et à éviter tout encombrement à la sortie ; à l'établissement suffisant de guichets de distribution de billets, pour chaque ligne, de façon à ce que le voyageur n'ait pas trop à attendre; tout en reconnaissant que le billet kilométrique a du bon, qu'il répond à une idée de justice, qu'il offre des avantages sérieux au public en général et au monde commercial en particulier; nous, voyageurs de la Suisse Romande, concluons en formulant le vœu que l'étude du billet kilométrique soit continuée, mais qu'en cas d'adoption du système par la Confédération, les abonnements généraux à prix réduits, ne soient point supprimés à la suite de cette amélioration.

M. **Charriez**, délégué du Syndicat des courtiers et représentants des Deux-Sèvres.

Vœu : Que les compagnies de chemins de fer délivrent aux courtiers ou voyageurs de commerce, sur le vu d'une carte d'identité, des billets à prix réduit de moitié et qu'elles réduisent de moitié le tarif de transport des colis d'échantillons.

M. **Vervelle**, président du Syndicat des voyageurs et représentants.

Connaître l'immense réseau des chemins de fer est une science géographique qu'il est bien rare de posséder complètement, surtout si l'on y ajoute la connaissance des transformations et des additions qui s'y opèrent tous les jours. Aussi le malheureux voyageur, qui n'a pour se guider dans ce labyrinthe moderne que le ticket délivré par les Compagnies, ouvre-t-il les oreilles et les yeux à chaque station pour savoir où il en est de son voyage.

mais ne parvient pas toujours à apercevoir ou à entendre le nom de la station qu'il passe.

Il résulte de cet état de préoccupation d'esprit que le voyageur descend souvent trop tôt ou trop tard. Ou bien encore s'il doit changer de train, il descend à la première bifurcation lorsqu'il ne devrait descendre qu'à la seconde.

Conséquence : Perte de temps pour le voyageur, supplément de travail pour l'employé.

Ces inconvénients pourraient être évités facilement et à peu de frais : pour cela, il suffirait d'indiquer au verso du ticket le numéro des stations ou des gares à passer ainsi que les bifurcations à prendre jusqu'au terme du voyage, et de placer bien en vue des voyageurs et à toutes les stations un numéro très lisible le jour et transparent la nuit, de façon que les stations d'une ligne soient numérotées comme les maisons d'une rue.

Nous avons la conviction que l'adoption de ce système d'indication rendrait de très grands services au public voyageur, et que le personnel, débarrassé des demandes auxquelles il doit répondre, pourrait porter toute son attention sur la sécurité de la marche des trains et éviter ainsi bien des accidents.

C'est dans ces sentiments, Messieurs, que j'ai l'honneur de vous proposer l'adoption du vœu suivant :

1° L'administration, représentée par M. le Ministre des travaux publics, est invitée à s'entendre avec les Compagnies de chemins de fer pour faire numéroter sur toutes les lignes toutes les stations, en partant de la Capitale ou du point le plus rapproché de la Capitale.

2° A indiquer, sur le nombre de stations à parcourir sur la ligne jusqu'à la bifurcation s'il y a lieu, et ainsi de suite jusqu'au terme du voyage.

Ci-joint le modèle du verso du ticket :

Départ : Ligne P.-L.-M.
Arrêt à .... Station : 25
Bifurcation : ligne de ....
Arrêt à .... Station : 17
Bifurcation : ligne de ....
Arrivée .... Station : 4

M. **Roger**, secrétaire général de l'Union syndicale des employés-représentants de commerce parisiens.

Vœu : Que le voyageur puisse s'arrêter en cours de route, et que son billet ait la même valeur au point de vue parcours, sans limitations.

M. **Pacot**, du groupe socialiste des voyageurs et représentants de commerce.

Vœu : Que le congrès proteste contre la perte du droit de réclamer subie par les abonnés des compagnies de chemins de fer, notamment en cas de retard et de manquement de la correspondance.

M. **Vatinelle**, délégué du syndicat des voyageurs, représentants et patrons-voyageurs de la région du Nord de la France, à Lille.

Suspension du cours des abonnements pendant les périodes de mobilisation. — En 1872, la compagnie du Nord avait consenti à cette suspension ; elle supprima ce droit en 1882. La plupart des conseils généraux en ont réclamé le rétablissement. Les compagnies s'y sont refusées, ainsi qu'en témoigne une lettre de M. Krantz, ministre des travaux publics, en date du 24 mars 1899 ; elles allèguent que les cartes d'abonnement sont établies sur des bases tellement réduites qu'on doit les considérer comme tenant compte par avance des interruptions passagères auxquelles les abonnés sont exposés et d'autre part que ceux-ci, connaissant généralement à l'avance l'époque à laquelle ils auront à accomplir une période d'instruction militaire, peuvent faire état de cette circonstance avant de demander leurs cartes d'abonnement.

Mais la création des abonnements est antérieure aux lois qui ont imposé l'obligation de faire des périodes d'instruction militaire, il n'a donc pu être tenu compte de cette obligation dans la fixation du prix des abonnements. De plus, s'il est généralement possible de connaître à l'avance les périodes normales d'instruction militaire, on peut être appelé inopinément pour un essai de mobilisation, une déclaration de guerre ou tout autre motif.

Vœu : Que le cours de tous abonnements sur les chemins de fer français soit suspendu pendant les périodes de mobilisation militaire auxquelles peuvent être astreints les titulaires de ces abonnements, quelles que soient les causes et la durée des appels.

M. **Pacot** du groupe socialiste des voyageurs et représentants de commerce.

Vœu : Que les colis d'échantillons soient transportés à tarif réduit ; le voyageur présentant ses colis au début de l'année ou au départ de la tournée, de façon que le poids exact, une fois établi, serait indiqué sur une feuille spéciale présentée à chaque gare d'arrêt.

M. **Jauréguiber,** administrateur du syndicat des voyageurs et représentants de commerce, Bourse du Travail, Paris.

Vœu : Que la franchise des bagages échantillons soit portée de 30 à 100 kilos.

M. **Rodrigues,** de la Chambre syndicale des fabricants français de lampes, lanternes, ferblanterie et industries qui s'y rattachent.

Vœu : Que les colis d'échantillons soient transportés à tarif réduit. Une somme variable suivant la durée du trajet serait payée au départ, les premiers 200 kilogs voyageraient à quart de tarif, et l'excédent jusqu'à un maximum à déterminer à demi tarif.

M. **Pentlar,** délégué de la Société générale des voyageurs et représentants d'Autriche.

Réduction des tarifs de transports des colis d'échantillons. — Compte rendu des séances, p. 118.

M. **F. Breissac,** Vice-Président de la Société de Protection Mutuelle des Voyageurs de Commerce à Paris.

Responsabilité des transporteurs de toute nature. Nous n'examinerons la question qui fait l'objet du présent rapport qu'au point de vue de la législation française, laissant aux membres étrangers du congrès le soin d'étudier la même question au point de vue particulier de leur législation locale.

En France, le principe de la responsabilité des transporteurs de toute nature, compagnies de chemins de fer, commissionnaires de transports, voituriers, etc., découle de la disposition générale de l'art. 1382 du Code civil.

Cet article est ainsi conçu :

« Tout fait de l'homme qui cause à autrui un dommage oblige celui par la faute duquel il est arrivé à le réparer. »

Cette disposition est elle-même complétée par les art, 1383, 1384 et 1385 qui lui font suite.

L'art. 1383, dispose que « chacun est responsable du dommage qu'il a causé, non seulement par son fait, mais encore par sa négligence ou son imprudence ».

L'art. 1384 dispose que « l'on est responsable, non seulement du dommage que l'on cause par son propre fait, mais encore de celui qui est causé par le fait des personnes dont on doit répondre, ou des choses que l'on a sous sa garde ».

Enfin, l'art. 1385 dispose que « le propriétaire d'un animal, ou celui qui s'en sert pendant qu'il est à son usage, est responsable du dommage que l'animal a causé ».

Les termes de ces divers articles sont suffisamment clairs pour qu'il soit inutile d'en préciser en détail la signification et la portée, et ils sont assez larges pour embrasser tous les cas dans lesquels un préjudice aura été causé. Observons seulement que, pour que la réclamation soit fondée, pour qu'il y ait ouverture à l'exercice d'une action, il est nécessaire qu'il y ait à la fois une faute (art. 1382), ou même seulement une négligence ou une imprudence (art. 1383) imputables à celui contre lequel l'action sera dirigée, et, en même temps, un dommage, un préjudice, résultant de cette faute, de cette négligence, ou de cette imprudence.

En un mot, s'il y a seulement faute, on ne peut poursuivre la réparation d'un préjudice qui n'a pas été subi ; s'il y a dommage en dehors de toute responsabilité, c'est-à-dire s'il y a cas fortuit ou de force majeure, on ne peut réclamer la réparation du dommage à celui auquel il n'est pas imputable.

Le Code de commerce (art. 97, 102 et 104) prévoit le paiement d'une indemnité par le transporteur pour retard de l'arrivée des marchandises dans le délai déterminé.

En ce qui concerne les commissionnaires de transport et voituriers, l'indemnité doit même être prévue à l'avance dans la lettre de voiture (art. 102). Cette dernière clause n'est pas applicable aux compagnies de chemins de fer, mais le principe du droit à l'indemnité n'en est pas moins certain, en ce qui les concerne, alors même qu'il n'en serait résulté aucun préjudice appréciable pour l'expéditeur ; dans ce cas, en effet, la compagnie, n'ayant pas exécuté intégralement le contrat intervenu d'effectuer le transport dans un délai déterminé, ne saurait retenir ou exiger l'intégrité du prix déterminé pour ce transport. Cela a été décidé à maintes reprises, et notamment par la Cour de Cassation, le 2 février 1886, affaire Compagnie d'Orléans contre Mallet. (Pandectes françaises, année 1887. — 1re partie, page 81.)

Aux termes des art. 98 et 103 du Code du commerce, le transporteur est garant de la perte ou des avaries des objets transportés, sauf le cas de force majeure, bien entendu, et sauf également, au cas de l'art. 98, le cas de stipulation contraire. Cette restriction au droit à l'indemnité, dans le cas de stipulation contraire, ne doit pas être prise dans un sens absolu : il faut, comme toujours, la combiner avec les dispositions des art. 1382 et suivants du Code civil, c'est-à-dire que, même lorsque le transporteur a stipulé qu'il ne serait tenu d'aucune indemnité en cas de perte ou d'avaries, encore faut-il que la perte ou l'avarie ne soient pas dues à sa faute où à celle de ses préposés.

Il peut sembler, tout d'abord, que cette restriction au droit à une indemnité est ainsi annulée, puisque ce droit subsiste malgré la clause contraire. Cela n'est cependant pas exact : toutes les fois que la marchandise est perdue ou avariée et que la clause de non responsabilité n'existe pas, la perte ou l'avarie sont présumées être dues à la faute du transporteur, et c'est à lui à prouver que la perte ou l'avarie sont dues, soit à un cas de force majeure, soit à la faute de l'expéditeur lui-même (vice de la chose transportée, insuffisance de l'emballage, etc.). Cette preuve est fort souvent difficile à faire.

Au contraire, lorsqu'il y a clause de non garantie, c'est à l'expéditeur à prouver que la perte ou l'avarie ne sont dues ni à un cas de force majeure, ni à la faute propre, ni au vice de la chose expédiée, mais bien à la faute du transporteur même. Cette distinction a, dans la pratique, un intérêt considérable.

Jusqu'en 1888, aux termes de l'art. 105 du Code de commerce, la réception des objets transportés et le paiement du prix de la voiture éteignaient toute action contre le voiturier.

Or, il arrivait presque toujours que ce n'était qu'après réception de la marchandise et paiement du prix du transport que l'on pouvait se rendre compte des avaries que cette marchandise avait subies. Il était trop tard pour formuler une réclamation.

La loi du 11 avril 1888 a fort heureusement modifié cet état de choses : l'action est éteinte par le fait de la livraison et du paiement, mais dans le cas seulement où. dans les trois jours suivants, le destinataire n'a pas notifié au transporteur sa protestation par acte d'huissier ou par lettre recommandée.

En outre, la loi de 1888 a précisé et augmenté les délais de prescription fixés par le Code de commerce.

Tout ce que nous venons de dire, en ce qui concerne le transport des marchandises, s'applique au cas du transport des voyageurs et de leurs bagages.

Quand il s'agit des voyageurs eux-mêmes, les règles sont identiques pour la perte, l'avarie et le retard. L'avarie et la perte, pour le voyageur, sont les blessures ou la mort en cas d'accident : blessures et mort ouvrent évidemment un droit à une indemnité, droit qui ne peut être, dans le dernier cas, exercé que par les héritiers du voyageur, ce qui est encore une consolation, ou par des créanciers, s'il y en a, considération qui n'est sans doute pas suffisante pour adoucir ses derniers instants.

Signalons, en matière de bagages, deux cas particuliers.

Les compagnies de chemins de fer sont responsables des bagages placés à l'endroit désigné pour attendre leur tour d'enregistrement et cela pendant le temps qui est nécessaire au voyageur pour se munir de son billet : il lui est, en effet, impossible de les surveiller à ce moment.

Il n'est peut-être pas inutile de signaler à nos collègues que, en cas de retard, d'avarie ou de perte de leurs marmottes et colis d'échantillons, les compagnies doivent réparation du dommage causé, non seulement à eux personnellement, mais encore aux patrons, aux commerçants dont ils ne sont que les mandataires. La question a été tranchée en ce sens à plusieurs reprises par la jurisprudence et formellement consacrée par un arrêt de la Cour de cassation du 26 octobre 1896 (Compagnie P.-L.-M. contre V. Lavaur. — Gazette du Palais, année 1896, 2e semestre, page 545).

Cet aperçu hâtif sur l'état de la jurisprudence et de la législation dans notre pays, permet de reconnaître que, en droit, la responsabilité des transporteurs de toute nature est suffisamment engagée dans les cas où un préjudice a été causé.

Est-ce donc à dire que tout soit pour le mieux et qu'aucune amélioration ne puisse être apportée, sinon au principe du droit lui-même, du moins aux conditions dans lesquelles il nous est permis de le faire valoir ?

Non pas, malheureusement.

Dans cette matière, comme dans beaucoup d'autres, le justiciable est trop loin de son juge, celui-ci fût-il, comme généralement en ce qui nous concerne, le juge consulaire, le tribunal de commerce. Le libre accès de la barre, même devant cette juridiction, bien qu'écrit dans la loi, n'existe pas en réalité, à Paris principalement, surtout pour ceux qui, comme nous, ne peuvent perdre leur temps à attendre l'appel de leur cause dans le prétoire ou l'audience dans le cabinet du juge auquel l'affaire est envoyée en délibéré.

Pour éviter de perdre un temps précieux, il faut avoir recours à des intermédiaires toujours onéreux.

En attendant la mesure générale qui doit élever sensiblement le taux de la compétence des juges de paix, il faudrait que le législateur, sur ce point spécial, fît ce qu'il a déjà fait en matière d'accidents du travail, de saisies-arrêts sur les petits traitements, etc., il faudrait que le juge de paix pût connaître des contestations intéressant les transporteurs de toute nature jusqu'à la somme de cinq cents francs, en dernier ressort.

Ce desideratum n'a rien que de bien modeste et d'absolument légitime, et nous aurions de sérieuses raisons de le voir traduit dans notre législation, si un vœu dans ce sens était émis par le congrès qui réunit les représentants les plus autorisés des corporations dans lesquelles sont groupés les voyageurs et représentants de commerce, travailleurs dont la constante activité apporte sa large part de richesse à l'édifice social.

M. **Pacot**, du groupe socialiste des voyageurs et représentants de commerce.

Vœu: Qu'il soit établi un billet de « rentrée », permettant le retour hebdomadaire au foyer, par tarif réduit. Le carnet kilométrique pourrait donner droit à une réduction sur les lignes urbaines quelconques.

M. **Roger**, secrétaire général de l'Union syndicale des employés représentants de commerce parisiens.

Transports urbains et suburbains. — Les compagnies de chemins de fer ont accordé aux ouvriers des tarifs réduits sous certaines réserves concernant les heures de départ et de retour. Il serait désirable que cette concession fût étendue à tous les trains en faveur des représentants de commerce qui circulent toute la journée. Par exemple, sur le vu d'un certificat délivré par la maison de commerce et légalisé par le commissaire de police ou le maire, il serait délivré au représentant une carte d'identité valable un an et donnant droit à la réduction. Ces cartes seraient valables dans un rayon déterminé, qui serait de 25 à 30 kilomètres pour les représentants de province et qui comprendrait pour les représentants de Paris toute la zone comprise entre Paris et la ligne de Grande ceinture.

En ce qui concerne les omnibus et tramways, il est impossible à Paris d'espérer une concession de la Compagnie des Omnibus, il faut se contenter d'attendre la fin du monopole et d'espérer que le tarif réduit à 0 fr. 15 et 0 fr. 10 sans correspondance, déjà inauguré par les tramways de pénétration, sera généralisé.

M. **Millou**, vice-président du Syndicat des employés et représentants de commerce parisiens.

Abaissement des tarifs postaux et télégraphiques. — L'administration des postes et télégraphes est considérée en France comme un instrument fiscal. L'excédent des recettes sur les dépenses, qui était, en 1880, de 29.343.953 fr. a été, en 1899, de 67.179.276 fr, auxquels il faut ajouter 26.500.000 fr., montant des subventions aux compagnies de navigation, dont l'utilité est incontestable, mais qui devraient plutôt figurer au budget du commerce.

En 1880, la circulation postale intérieure était de 1 milliard 90 millions d'objets : en 1897, elle était de 1 milliard 907 millions : la circulation internationale de 1880 à 1897 a passé de 104 millions d'objets à 205 millions.

La circulation télégraphique était de 17 millions de télégrammes en 1880, elle était de 37 millions en 1897.

Les tarifs français sont beaucoup plus élevés que ceux des pays voisins, notamment de l'Allemagne, de l'Angleterre et de la Suisse.

Il serait également désirable d'obtenir l'abaissement des tarifs télégraphiques, l'augmentation compenserait rapidement la diminution de taxes.

Nous proposons les vœux suivants :

1° Abaissement de la carte postale à 5 centimes.

2° Abaissement de la taxe des lettres comme suit :

10 centimes	jusqu'à	15 grammes	
15 —	de 15 à 50	—	
20 —	de 50 à 100	—	

et ainsi de suite, en ajoutant 5 centimes par 50 grammes ou par fraction de 50 grammes.

3° Abaissement des télégrammes au tarif suivant :

10 mots	30 centimes
15 —	50 —
20 —	60 —
25 —	70 —

et ainsi de suite, en augmentant de 10 centimes par 5 mots.

L'adresse, dans tous les cas, ne devra compter que pour deux mots.

M. Pacot, du groupe socialiste des voyageurs et représentants de commerce.

L'abaissement des tarifs postaux, bien que devant nuire à notre profession, favoriserait le commerce général et c'est à ce point de vue que nous devons en réclamer la prompte et large application.

M. Chollet, de l'Union des voyageurs de commerce de la Suisse romande.

Abaissement des taxes postales. — En Suisse, la taxe des lettres est de 5 centimes pour les objets ou plis fermés de 15 à 250 grammes circulant dans un rayon local de 10 kilomètres, et de 10 centimes au-delà de cette zone. L'Union des voyageurs de commerce de la Suisse romande et la Société suisse des voyageurs de commerce demandent la réduction à 5 centimes pour les lettres légères de 15 grammes et au-dessous, la taxe actuelle étant maintenue pour les plis lourds.

Vœu : 1° Que les taxes postales soient abaissées, en donnant la préférence à la taxe la plus réduite appliquée à la lettre normale de 15 gr. comme desservant le mieux les intérêts du commerce en général.

2° Que les recettes nettes produites par le service monopolisé des postes soient appliquées à l'amélioration du service en général.

3° Que, dans le cas où la Fédération internationale des voyageurs et représentants de commerce serait créée, avec bureau permanent, une délégation de ce bureau s'occupe spécialement des questions relatives aux postes, télégraphes et téléphones.

3me Section. — Économie politique.

M. de Seilhac (Léon), délégué permanent du Musée social.

Organisation des Sociétés de secours mutuels. — A la fin de 1895, il y avait en France 10.500 sociétés mutualistes, comprenant 1.600.000 adhérents. Aujourd'hui, il y en a 12.000, comptant 2 millions et demi de membres et possédant 300 millions de francs.

La loi du 1er avril 1898 supprime l'obligation de l'autorisation et y substitue une déclaration à la préfecture où à la sous-préfecture ; elle autorise les sociétés à s'étendre au canton, au département ou à tout le pays. L'approbation ne peut être refusée que dans deux cas : 1° si les statuts ne sont pas en conformité avec les dispositions de la loi ; 2° s'ils ne prévoient pas des recettes proportionnées aux dépenses pour la constitution des retraites garanties ou des assurances en cas de vie, de décès ou d'accident.

Le taux de l'intérêt des sommes versées à la caisse des dépôts et consignations est maintenu à 4 1/2 %, grâce au crédit ouvert au ministre de l'intérieur pour compenser la différence entre le taux ancien et le taux nouveau (3 1/2 %). Si le dépôt est fait au fonds de retraites, il est majoré du quart du versement, de 1 fr. par membre participant et de 1 fr. par membre participant âgé de plus de 55 ans.

Les sociétés peuvent constituer leurs retraites sans passer par la caisse nationale des retraites qui n'accorde que 3 1/2 d'intérêt, en faisant servir dans ce but les intérêts de leur fonds inaliénable de retraites qui rapporte 4 1/2. Enfin, moyennant une prime variant de 1 fr.13 à 1 fr.50 %, les sociétés peuvent assurer sur la tête de leurs adhérents un petit capital en cas de décès.

M. **F. Farragut**, de Nérac.

1° Les questions de prévoyance et de solidarité préoccupent aujourd'hui un grand nombre d'esprits, les idées de mutualité font des progrès. Ne serait-il pas possible, à l'aide de versements mensuels dans les bureaux de poste ou autres caisses publiques, sous le contrôle du gouvernement, de créer une caisse de retraites pour les voyageurs et représentants de commerce, analogue à celle des fonctionnaires de l'État? Cette caisse serait en outre certainement dotée de subventions d'anciens voyageurs ou représentants devenus patrons ou de négociants reconnaissants des services rendus par les voyageurs.

2° Vœu tendant à la suppression des grèves par la fixation du prix minimum de l'heure et de la journée de travail et la formation de 3 catégories d'ouvriers, par un conseil départemental du travail composé de délégués élus par les syndicats ouvriers et patronaux avec arbitrage de tiers en cas de partage.

M. **Buret** (Romain), administrateur de l'Association des voyageurs.

Création d'une maison de retraite pour les voyageurs et représentants. — Lorsque le voyageur de commerce arrive à un âge où il ne peut plus travailler, il est souvent dans une situation précaire, soit qu'il ait été imprévoyant, soit qu'il ait été frappé par l'adversité, soit enfin que ses économies soient trop maigres. Il serait donc intéressant de créer une maison de retraite pour les anciens voyageurs.

L'Association des voyageurs a créé une caisse spéciale dans ce but, mais l'idée ne pourra être mise à exécution de longtemps, car elle exige la constitution d'un capital très élevé. Les sociétés réunies seraient mieux à même d'y réussir.

La maison de retraite serait ouverte aux seuls voyageurs et représentants de commerce âgés de 60 ans, ayant exercé la profession pendant 25 ans au moins, et faisant partie d'une société de secours mutuels depuis plus de 20 ans; la pension versée par la société serait abandonnée au profit de la maison; le minimum exigé pour l'admission serait, au besoin, complété par le postulant, soit annuellement, soit par une somme une fois versée. La maison pourrait être ouverte aux voyageurs ne faisant partie d'aucune société, moyennant une redevance annuelle garantie par caution, ou le versement d'une somme déterminée.

M. **Charrier**, délégué du Syndicat des courtiers et représentants des Deux-Sèvres.

Vœu : Que les voyageurs et représentants de commerce organisent la mutualité pour leurs sociétés et créent des caisses de retraites et de secours pour veuves et orphelins, caisses qui seraient alimentées par les cotisations de tous les voyageurs et représentants et par les dons des patrons et de l'État.

M. Règle (Paul), du groupe socialiste des voyageurs et représentants de commerce.

Création de caisses de retraite et projet d'hôtels coopératifs. — Nous nous élevons contre toute subvention de l'État, des départements ou des communes qui, grevant leur budget, serait une nouvelle charge pour les contribuables non bénéficiaires de cette faveur.

Une souscription, une tombola pourraient contribuer à former un fonds de caisse, mais cette forme de la charité ne convient qu'en des circonstances exceptionnelles.

C'est à la coopération que nous demanderons les ressources nécessaires, il y a là un moyen pratique et généreux.

C'est à l'hôtel que vont nos plus fortes dépenses, c'est donc à l'hôtel que nous demanderons les plus grands revenus.

Dans les centres importants, où séjournent longuement les voyageurs, il serait créé un hôtel coopératif à l'aide de :

Versements de 100 francs, remboursables, mais ne portant pas intérêt, ou à titre actif sans remboursement.

Versements de 100 francs à titre honoraire non remboursables. Ces versements, faits uniquement pour accélérer la fondation de ces hôtels, donneraient droit à un livret libéré de 10 années de sociétariat.

Versements annuels à discuter (nous proposons 12 fr.).

Les recettes *nettes* de ces hôtels ainsi réparties :

50 % à la caisse des retraites ;

30 % aux fonds de réserve ;

20 % à l'amortissement.

M. Jordi, président de la Société suisse de voyageurs de commerce.

Assurance mutuelle contre les accidents. — L'assurance mutuelle internationale contre les accidents prévoit l'organisation fédérative. Il ne peut, dès lors, être question que de préparer le terrain. Les sociétés représentées au congrès auraient à faire connaître au secrétariat le nombre des membres actifs et le nombre des membres assurés, le total des primes payées pendant 10 ans et celui des indemnités touchées, etc. Le résultat de la statistique démontrerait le bénéfice que les sociétés d'assurance ont réalisé sur l'assurance des membres des sociétés.

M. Fajes (L), président de la société la Mutuelle de prévoyance des Voyageurs de Commerce.

Vœu : Attendu que les voyageurs de commerce surtout et les représentants sont exposés à être victimes d'accidents occasionnés par leurs fréquents déplacements, il est indispensable pour eux de créer dans le plus bref délai une *Caisse générale d'assurance mutuelle* au moyen d'une cotisation semestrielle, dont ils auraient seuls l'administration, la perception et la répartition des bénéfices, proportionnellement à la nature et à la gravité de l'accident, et au préjudice causé.

Attendu également que cette assurance mutuelle, pour être complète dans ses effets, ne doit pas se borner à réparer les conséquences des accidents corporels, elle embrassera également tous ceux résultant de la perte complète ou pendant un temps quelconque d'objets de toute nature appartenant aux susdits ; à charge par elle d'exercer toute poursuite contre les compagnies de transport et toute personne cause de ces accidents, en vue de récupérer tout ou partie de ses débours.

Et pour arriver à ce résultat, qu'il soit nommé une commission spéciale qui aura pour mission d'élaborer des statuts et de les soumettre à tous les groupes corporatifs français, afin de provoquer de leur part une étude complète et l'approbation, si faire se peut.

M. **Figeac**, administrateur de l'Association des voyageurs.

Création de caisses de retraites et de secours pour les veuves et les orphelins. — Il importe que les sociétés créent un fonds spécial pour les veuves et les orphelins, au moyen d'un prélèvement sur la cotisation annuelle, fonds qui serait accru par des dons et le produit de fêtes.

Quant aux caisses de retraite, elles sont la préoccupades sociétés qui assurent un fonds de retraite au moyen de leurs bonis ; mais ces bonis peuvent disparaître dans les mauvaises années. Les subventions de l'État, réparties entre les sociétés, s'émiettent de plus en plus. Il faut donc que les sociétés obtiennent, en dehors des cotisations, le versement d'une somme annuelle au compte de retraites, ou bien fassent payer une cotisation proportionnelle à l'âge du sociétaire, d'après le barème institué par les actuaires français.

La moyenne des pensions payées par les sociétés de voyageurs de commerce est de 110 fr. On parle d'assurer aux ouvriers une rente de 360 fr. à 60 ans. Il n'est que justice d'accorder le même droit aux employés et voyageurs de commerce.

M. **Gayou**, de l'Association des voyageurs, section de Limoges.

Nécessité de la création d'une *maison de retraite pour les voyageurs invalides* ainsi qu'un *établissement de secours pour les veuves et les orphelins.*

M. **Guey** (A.), président du Syndicat des employés et représentants de commerce parisiens.

De la participation aux bénéfices. — Depuis le développement de la grande industrie, le salariat est le mode de rémunération du travail. Mais, dès 1842, Leclaire inaugura le système de la participation aux bénéfices, dans un but de solidarité et avec le désir de s'assurer un personnel d'élite, capable et consciencieux. Son exemple a été suivi et la statistique nous apprend que, en Europe et en Amérique, 443 établissements, dont 248 en France, pratiquent ce mode de rémunération du travail. Dans beaucoup de cas, le patron exige un stage préalable dans la maison. Généralement, il se réserve la gestion des intérêts de la participation, dans plusieurs entreprises; cependant, on a institué des comités consultatifs dont les membres, pris dans le personnel, délibèrent avec le chef de la maison sur le fonctionnement de la caisse de participation.

En 1896, le comte de Chambrun a ouvert un concours sur la question et l'a doté de 25.000 fr. de prix. Cette année, un congrès spécial aura lieu, il doit être présidé par M. Delombre, ancien ministre du commerce.

Depuis longtemps les employés supérieurs sont, dans beaucoup de maisons, associés aux bénéfices de la maison. Il serait juste que le système fût largement étendu aux voyageurs et représentants qui créent les débouchés.

Nous proposons le vœu suivant :

Le congrès international forme des vœux ardents pour la réalisation de nos désirs, c'est-à-dire pour l'application de la participation aux bénéfices, dans les différentes industries françaises, aux voyageurs et aux représentants de commerce ; mais en s'inspirant bien de cette idée qu'il faut mettre le même intérêt et le même zèle à traiter les affaires pour nos patrons comme nous le ferions pour nous-mêmes.

M. Monnière.

Organisation consulaire. — L'organisation consulaire est loin de rendre chez nous les mêmes services qu'en Allemagne et en Angleterre. Il serait désirable que le gouvernement créât des écoles préparatoires commerciales consulaires, de façon à organiser un corps d'agents ayant fait des études spéciales, connaissant ce que nous pouvons produire, capables d'instituer un service régulier de renseignements.

M. **André Lebon**, président d'honneur de l'Association des voyageurs du Sud-Ouest.

Extension du commerce colonial et extérieur (consulats). — Tous les hommes soucieux de l'avenir du pays se préoccupent de la situation créée par la multiplicité et l'intensité des rivalités commerciales.

On a attribué la gêne de nos affaires commerciales extérieures au régime douanier de 1892 et à l'excès de nos tarifs. Mais la France n'a pas été la première à entrer dans la voie du protectionnisme, l'univers entier vit à l'heure actuelle sous ce régime économique, enfin nous bénéficions presque partout du traitement de la nation la plus favorisée. De plus, la plupart des erreurs commises dans la rédaction des tarifs de 1892 ont été corrigées par l'arrangement suisse de 1895 et l'arrangement italien de 1899.

On a dit aussi que la France est desservie ou mal servie par ses consuls ou par ses fonctionnaires coloniaux. Mais si, jusqu'à une époque récente, le commerce ne trouvait peut-être pas dans nos administrations tout le concours désirable, quiconque lit le *Moniteur officiel du commerce*, peut constater que nos consuls fournissent des rapports commerciaux périodiques dont la fréquence, la valeur et la variété ne le cèdent en rien aux œuvres de leurs collègues étrangers. Il n'est guère possible de leur demander davantage. Aucun homme n'a la compétence variée qui conviendrait au placement des produits multiples qui s'écoulent sur un même marché : et d'ailleurs le fonctionnaire travaille pour le public en général et non pour une maison de commission ou une marque de fabrique spéciale ; ce dernier rôle incombe exclusivement aux voyageurs et représentants de commerce.

En s'éclairant de ces rapports consulaires, si injustement méconnus, et d'informations particulières, on peut arriver à dégager quelques-uns des moyens employés par nos rivaux pour s'introduire et s'installer sur les marchés nouveaux.

D'abord, la fréquence des visites de leurs voyageurs qui parlent la langue du pays, pénètrent dans les magasins, dans les maisons particulières, se créent des relations personnelles, font, en un mot, le métier que nos voyageurs savent si merveilleusement faire en France, mais qu'ils négligent de poursuivre dehors. Quant aux frais et risques propres à une pareille entreprise, pourquoi ne pas imiter les Allemands qui se syndiquent à plusieurs dans une même industrie ou dans des industries similaires pour se répartir les charges d'un représentant unique ?

Il faut de plus offrir au client les marchandises dont il a le besoin ou le goût et dans des conditions de prix adaptées à ses facultés. Il y a partout des traditions, des habitudes, des modes, avec lesquelles il est indispensable de compter et qui se font sentir jusque dans les dimensions et le mesurage des pièces d'étoffes, l'échelle particulière des colorations, la forme du corps, les dispositions des habitations, les coutumes sociales.

Nos rivaux ont aussi une résignation à laquelle nous n'avons pas encore su nous plier ; ils ne cherchent plus le gros bénéfice dans une affaire déterminée, mais dans l'accumulation des petits bénéfices procurés par un grand nombre d'affaires. Ils savent même souvent travailler « à blanc », sinon à perte pour prendre pied sur un marché ou y conserver les positions acquises, en vue de jours meilleurs.

Par suite des longs délais nécessaires, à raison des distances, pour rapprocher les produits de leurs consommateurs, ou encore à raison des saisons pendant lesquelles le commerce est possible, les opérations commerciales ne peuvent se régler dans les pays lointains qu'à six, neuf ou douze mois d'échéance. Aussi l'organisation du crédit à l'exportation est le couronnement nécessaire ou mieux la fondation même des efforts destinés à développer le commerce français, soit à l'étranger, soit dans les colonies. C'est aux industriels et aux négociants eux-mêmes avec l'assistance des financiers de se pourvoir des instruments d'action indispensable.

Syndicat des voyageurs et représentants de commerce de Constantine.

Extension du commerce colonial. — 1° Vœu que tout commerçant musulman ou israélite soit tenu de se conformer aux prescriptions des articles 8, 9, 10 et 11 du Code de commerce.

Que le livre-journal et celui des inventaires soient tenus en français.

Que la loi du 4 mai 1889 ne soit appliquée qu'aux commerçants malheureux, mais de bonne foi, que des circonstances spéciales mettent dans l'impossibilité de faire honneur à leurs affaires.

Que, dans le cas de banqueroute, les tribunaux prononcent des condamnations en rapport avec les délits.

Que l'obligation rigoureuse soit imposée aux cadis notaires de transcrire régulièrement, dans un délai de huitaine, à la conservation des hypothèques du ressort, tous les actes translatifs de propriété dressés par leur ministère.

Qu'il soit procédé à l'établissement de la propriété en Kabylie et dans le sud algérien, notamment au M'Zab, afin de permettre au commerce d'avoir des renseignements sur la situation immobilière d'un commerçant.

Que soit modifiée la formule exécutoire des jugements

tendant à l'autorisation, — au créancier français porteur d'un jugement contre un débiteur musulman, — de pouvoir, à son gré, comme le créancier musulman, faire procéder à son exécution par ministère d'huissier ou du cadi notaire.

Que les pouvoirs publics veuillent bien prendre en considération les différents vœux qui leur ont été soumis, tendant à la construction rapide de la voie ferrée de Biskra-Ouargla, seule mesure pratique pouvant réprimer la contrebande, qui ne s'exerce que sur des marchandises d'importation étrangère, et faire profiter le commerce national de tous les avantages que peut offrir le marché du Sud algérien.

M. **Béon**, secrétaire de la Chambre de commerce française de Bruxelles.

Extension du commerce colonial et extérieur (*Les consuls*).

I. — *Formation du voyageur de commerce.* L'hégémonie commerciale et industrielle est aujourd'hui l'objet de l'ambition des peuples, le but des luttes internationales. Ce n'est plus, comme autrefois, à la possession de tel ou tel petit fief, longtemps disputé par des bandes de mercenaires armés, qu'on mesure la vigueur d'un pays ou la puissance d'un prince. Le champ d'action est plus vaste ; plus ample est la portée des ambitions écloses non plus seulement au cerveau d'un chef d'État, mais au sein d'une nation entière. Le monde s'est ouvert sous l'irrésistible poussée du progrès moderne. La résultante des forces nationales, de tous les travaux accomplis en un pays, se marque aujourd'hui aux chiffres des statistiques. Quel rang la France a-t-elle su prendre dans la liste des pays importateurs en Belgique, en Russie, aux États-Unis de l'Amérique du Nord, au Brésil, au Chili, en Chine, en Afrique, etc. ? Telle est la question qui doit nous préoccuper ; la réponse fixera l'importance actuelle de notre patrie, notera la valeur de ses droits dans le partage éventuel de certains pays neufs, prédira la gloire ou l'effacement de notre avenir.

Dans cette concurrence entre nations, les voyageurs de commerce jouent un rôle important, à l'avant-garde. De l'intelligence, du savoir, de l'habileté de ces champions peut dépendre le succès de l'influence française en certaines régions. L'ouverture d'un débouché nouveau à notre commerce, c'est, pour eux, la victoire moderne, comme jadis, pour les condottieri, la capitulation d'une place forte.

Comment se préparer à ce rôle et comment le remplir ? Quelles seront, de nos jours, l'éducation et la formation du voyageur de commerce français ? Quelles seront ensuite ses *bases d'opération* ? Quels points d'appui trouvera-t-il à l'étranger pour faire connaître et apprécier nos produits nationaux ?

Voilà ce que nous nous proposons de rechercher en cette étude.

La France, en ces trente dernières années, s'est appliquée à résoudre le problème de l'instruction publique. Il semble que chaque enseignement ait été dûment et abondamment pourvu. L'enseignement commercial n'a pas été négligé. Nous sommes, à cet égard, convenablement outillés. Les écoles commerciales sont assez nombreuses chez nous et de bons professeurs s'y rencontrent.

Deux matières ont, dans l'enseignement commercial, une importance spéciale : *les langues vivantes* d'une part, et, d'autre part, *la géographie*.

Il est essentiel que l'élève d'une école de commerce consacre le plus grand soin aux langues vivantes. En lui donnant ce conseil nous ne prétendons pas le détourner du latin, des autres langues dites classiques et mortes. Jusqu'à l'âge de 14 ans, un jeune garçon ne peut s'appliquer qu'avec fruit à l'étude des grammaires comparées, et qui a bien appris le latin dès son enfance est admirablement préparé à parler plus tard l'italien, le roumain, le portugais et l'espagnol..., l'espagnol, la langue de l'Amérique centrale et de l'Amérique du Sud, dont on oublie parfois, en France, la grande utilité commerciale.

Mais, si nous ne proscrivons pas les langues anciennes, notre intention n'est pas d'encourager les errements qui ont longtemps prévalu dans l'enseignement français au détriment de notre formation commerciale : nous entendons par là le tour classique, exclusivement littéraire, qu'on a imposé à l'étude des langues, tant mortes que vivantes. On a juxtaposé à l'enseignement classique ce qu'on a appelé l'enseignement moderne, sans changer l'esprit de ces vieilles méthodes. Au lieu d'expliquer Homère et Virgile, quelques-uns des contemporains de nos fils commentent Shakespeare et Gœthe. Mais ils ne sont pas toujours capables de dire en anglais ou en allemand : « Nicole, apportez-moi mes pantoufles ! »

Que les jeunes gens apprennent, s'il leur plaît, l'art des déclinaisons et des conjugaisons dans une grammaire latine. Mais, à l'école commerciale, ils doivent étudier les langues vivantes, d'origine latine ou autre, au point de vue du langage et de la correspondance pratiques. Il importe de réserver une large place de l'enseignement linguistique aux exercices de conversation courante.

Quiconque entreprendra des voyages doit aussi acquérir de bonnes notions de géographie.

Un examinateur de l'école de Saint-Cyr, qui possède la plus grande autorité, non seulement comme pédagogue, mais aussi comme historien, comme écrivain, comme penseur, a fait naguère une critique très frappante de la méthode appliquée à l'étude de la géographie par les candidats à notre école spéciale militaire. Ces critiques peuvent aussi servir d'avertissement salutaire aux élèves de nos écoles commerciales. C'est surtout à un point de vue général, en l'espèce au point de vue économique, que le futur commerçant étudiera avec profit la géographie. Il ne s'agit pas d'exécuter des tours de force de mémoire en énumérant toutes les stations, si insignifiantes qu'elles soient, qu'on rencontre en chemin de fer de Lisbonne à Madrid. Effort énorme et stérile, qui aboutit à une kyrielle de noms de bourgades ! Ce qu'il importe de posséder, ce sont des données générales sur la richesse de chaque pays, les productions naturelles, les besoins qui appellent l'importation étrangère, les voies de communication les lignes de navigation, la situation et la population des villes principales et notamment des ports, les distances approximatives, non seulement kilométriques, mais horaires entre les principaux centres d'une région. Ces distances relatives sont souvent, dans la vie pratique, l'occasion d'erreurs monstrueuses, dont nous n'éprouvons toutefois aucune confusion, tant l'ignorance, à cet égard, est chez nous chose commune et en quelque sorte admise. Qu'un Français revienne de Rio-de-Janeiro ; ses compatriotes manifesteront leur étonnement qu'il n'ait pas poussé une pointe jusqu'à Buenos-Ayres, les deux ports sud-américains semblent si près l'un de l'autre ! et les mêmes personnes trouvent tout naturel d'avoir passé leur vie à Paris sans connaître Saint-Pétersbourg, ni Le Caire !

Le complément de l'enseignement géographique, c'est le voyage à l'étranger qui sera aussi l'achèvement de l'étude des langues vivantes.

Sorti de l'école commerciale, le futur voyageur de commerce aura grand intérêt à faire à l'étranger un séjour, un stage d'études pratiques. Il ne cherchera pas à tirer encore de ce premier déplacement un profit pécuniaire immédiat.

Il pourra même offrir ses services à titre gratuit à une maison de commerce étrangère où il travaillera pour les autres en observant pour son propre compte. L'échange de jeunes gens, dits volontaires, entre correspondants français et étranger, est un usage excellent, qu'on ne saurait trop encourager. Cet usage s'est établi d'une manière courante entre Hambourg et Anvers, pour le plus grand profit des Allemands et des Belges.

Après la période de formation, vient le moment de l'action. Maintenant, le jeune commerçant va voyager à ses risques et périls, appliquer les connaissances qu'il a acquises, faire preuve non seulement de savoir, mais de caractère.

A l'école, il a ouvert son esprit aux idées générales. Avant d'entreprendre un voyage d'affaires, il doit accumuler les notions précises sur le pays déterminé qu'il va parcourir. En dehors des indications qu'il pourra recueillir au siège de la maison de commerce pour le compte de laquelle il voyagera, il peut trouver en France même de nombreux documents. Nous ne sommes pas aussi ignorants des pays étrangers qu'on veut bien parfois le prétendre, les sources de renseignements sont abondantes en France; mais ces connaissances de l'étranger, si elles sont convenablement classées, ne sont pas vulgarisées chez nous. Ce ne sont pas les publications qui manquent, ce sont les abonnés. Certains Américains du Sud demandent à Paris des ouvrages relatifs à leur propre pays et qui n'ont pu être édités qu'en Europe. Mais les Français qui vont dans ces mêmes pays d'Amérique s'informent rarement, avant leur départ, de la librairie parisienne où ils pourraient se munir de ces ouvrages utiles à lire, au moins pendant la traversée. C'est au delà des mers qu'ils constateront leur oubli et écriront en France pour réparer les conséquences de cette légèreté. Nous indiquerons prochainement quelques-unes des publications qu'il convient de consulter ainsi avant le départ.

Il est un danger contre lequel il importe de munir le jeune commis-voyageur français en déplacement lointain. On peut craindre qu'il conçoive quelque présomption à constater la rareté de son cas. Comme nous ne lui avons pas interdit l'étude du latin, nous pouvons lui dire qu'il risque de se prendre pour *rara avis*. En certains pays lointains, et même pas très lointains, le voyageur français est un véritable phénomène. En revanche, les Anglais, les Allemands et autres représentants des nations rivales de la nôtre surgissent de toutes parts. Nous pourrions citer un grand centre commercial américain où, sur trois marques de Cognac connues, une seule se trouvait représentée par un agent français ; un Anglais et un Espagnol étaient chargés chacun d'une des deux autres, répandant ce produit si français qu'on ne peut le nommer sans évoquer le souvenir d'une ville de la mère patrie. Le Français voyage très peu; peut-être parce que la Française ne voyage pas du tout.

Les maisons françaises ne sont ni assez copieusement, ni assez fortement, ni assez directement représentées à l'étranger. Le nombre de leurs représentants est insuffisant; l'horreur des familles françaises pour les déplacements lointains est telle qu'on ne conçoit pas chez nous un éloignement prolongé de la mère patrie sans quelque motif grave, parfois infâmant ; — les colonies françaises, en pays exotique, comprennent, il faut l'avouer, un nombre regrettable d'insoumis, de déserteurs et de personnages cachant avec soin un casier judiciaire quelque peu maculé. Certaines maisons de commerce françaises, au lieu d'envoyer un de leurs agents au loin, ou de choisir un représentant parmi les Français établis sur place, confient leur représentation à une maison étrangère.

Nos commerçants et nos industriels n'affrontent d'ailleurs les nouveaux marchés qu'avec une méfiance extrême et une excessive réserve. La routine prévaut dans nos usages commerciaux, nous sortons péniblement de l'ornière tracée par nos devanciers et où nous nous trouvons d'ailleurs assez à l'aise.

Nous avons une tendance à nous montrer contents de nous, à éviter avant tout l'inquiétude, à jouir du bien acquis sans songer à l'accroître. La France est le pays des petits traitements et des fortunes moyennes accrues par l'économie. L'industriel français, dès qu'il a amassé un certain pécule, se retire des affaires, dût-il ne jouir que d'un médiocre bien-être, au lieu de laisser ses capitaux dans son industrie et d'étendre ses entreprises. Satisfait non seulement de son sort, mais de ses œuvres, notre industriel croit avoir atteint la perfection et régler le goût public de l'univers. Au lieu de se plier aux exigences de la clientèle étrangère, on prétend lui faire la leçon. On n'a que dédain et moquerie pour les tendances, les préférences et les façons des exotiques. On leur montre ce qu'il faut choisir, ce que le goût français a imaginé et consacré. Comme l'acheteur n'est pas toujours docile à cette leçon, comme il a de l'amour-propre et peut-être aussi des raisons particulières de prendre des vêtements ou des meubles appropriés à son genre de vie ou au climat de son pays, il s'adressera à nos concurrents, plus complaisants, plus souples, plus persévérants, toujours prêts à flatter les dispositions du consommateur et à faire fabriquer ce qu'on désire acheter, au lieu de faire acheter ce qui est fabriqué. Le commis-voyageur français prétend enseigner Paris à l'étranger au lieu d'enseigner l'étranger à la France. Il voyage à reculons, les yeux toujours fixés sur la rue Vivienne !

Voilà pourquoi souvent ses voyages ne sont pas fructueux. Il ne faut pas s'attendre, d'ailleurs, à retirer d'un premier voyage des bénéfices immédiats.

Nos fabricants français paraissent admettre difficilement cette vérité. Quand, par extraordinaire, quelques-uns d'entre eux, plus entreprenants ou plus hardis que la moyenne de leurs confrères, se sont décidés à supporter les frais du voyage d'un agent vers quelque marché nouveau et éloigné, ils manifestent autant de promptitude au découragement qu'ils ont apporté de lenteur à leur décision. L'agent est de retour, mais c'est à peine si les premières affaires réalisées payent les frais de déplacement ; souvent le fabricant français constate de ce chef un déficit et jure, beaucoup trop tôt, qu'on ne l'y prendra plus.

Ignore-t il que pour récolter il faut labourer et semer ?

La première expérience faite en pays lointain par un voyageur de commerce, la découverte et l'exploration de nouveaux débouchés, tout cela constitue un capital acquis qu'il convient de faire valoir. Si les dépenses du premier voyage ne sont pas couvertes tout de suite, on pourra souvent trouver au second une compensation satisfaisante.

Nos concurrents ne se découragent pas : ils retournent au pays où ils ont supporté les frais d'une première étude, ils y développent les relations établies au premier passage, leur clientèle, satisfaite par un essai, les accueille avec plaisir, renouvelle les commandes et les augmente, et bientôt elle s'étend comme une tache d'huile.

Nous ne cherchons pas à dissimuler les difficultés qui entourent les premières tentatives, tout le début de l'action et de la propagande.

Le voyageur de commerce français devra, à son arrivée dans un nouveau poste, se rattacher à ceux qui ont pour mission de le protéger et de le renseigner.

A ce besoin répondront deux organismes dont nous voudrions indiquer la nature et le fonctionnement : le *Consulat* et la *Chambre de Commerce.*

II. — *Du rôle des consuls dans l'extension du commerce extérieur.* — Le consul de France est le protecteur naturel du Français à l'étranger. Près de lui, nos compatriotes rencontreront un sérieux et utile appui, s'ils savent exactement quels services un consul peut et doit rendre.

Il s'est établi une légende courante au sujet du déplorable accueil que les Français reçoivent à l'étranger de leur consul. Quand nous aurons précisé, à ce sujet, les droits et les devoirs réciproques, nous saurons dans quelles circonstances nous pouvons nous adresser aux agents du ministère des affaires étrangères, ce que nous devons leur accorder, ce que nous pouvons leur demander, et nous aurons ainsi écarté toute cause de malentendu.

Et d'abord quel est le rôle d'un consul à l'étranger ? Ses fonctions sont complexes et multiples. Il est officier d'état-civil, notaire, agent de recrutement, commissaire de la marine, parfois même magistrat, dans les pays de capitulation, c'est-à-dire dans tout l'Orient.

A ces différents points de vue, le consul ne paraît pas devoir seconder directement la mission du voyageur de commerce. Toutefois, celui-ci aura parfois besoin de faire garantir son identité, d'obtenir pour les produits qu'il exporte des certificats d'origine, d'avoir, sur la législation du pays qu'il visite, des indications générales, d'être édifié sur les droits qu'il peut exercer dans ce pays en tant qu'étranger, d'ester en justice. En pays de capitulation, c'est le consul lui-même qui rendra la justice; ailleurs, il pourra tout au moins fournir au Français nouveau venu l'adresse d'un avocat recommandable.

Le consul est en outre un agent d'informations commerciales. Mais ici son caractère de fonctionnaire lui impose une rigoureuse impartialité. Il n'informera donc pas telle maison au détriment de telle autre, il ne soutiendra pas tel commerçant français en concurrence avec un compatriote. En règle générale, c'est au ministère des affaires étrangères que le consul adressera des rapports contenant les renseignements commerciaux que le gouvernement français communiquera au public. Le consul est aussi en correspondance avec l'Office national du commerce extérieur. Toutefois, il peut aussi correspondre directement avec des particuliers, leur faire connaître, sans garantie ni responsabilité, bien entendu, si telle ou telle maison de commerce est digne de crédit, si tel ou tel agent est digne de confiance.

Les consuls rendent à ce point de vue d'incontestables services au commerce.

Les rapports que les consuls adressent au ministère sont relatifs à la situation économique du poste ou du pays où le fonctionnaire réside, aux débouchés que le commerce et l'industrie peuvent y trouver, au régime douanier, à la question monétaire. Le consul envoie à Paris la liste des adjudications qui sont annoncées. Il traduit, résume et commente les documents statistiques publiés par les administrations étrangères.

Pour constater que nos consuls ne négligent pas cette partie commerciale de leur tâche, il suffit de jeter un coup d'œil sur une publication intitulée : *Le Moniteur officiel du Commerce.*

Si les typographes de cette revue lisent ce qu'ils impriment, ils sont, à coup sûr, très bien renseignés sur les occasions de développement qui s'offrent à notre commerce extérieur. Mais si tant est qu'ils lisent en *composant*, ils seront à peu près les seuls à connaître les rapports consulaires. Le *Moniteur officiel du Commerce* ne compte qu'un nombre dérisoire d'abonnés.

Quand on le trouve par hasard sur une table, il y a gros à parier que les feuillets n'en sont pas coupés.

Les articles qu'il contient sont pleins d'intérêt, mais on ne s'en soucie guère.

« Comment se fait-il, disait un ingénieur français revenant en 1898 du Transvaal, que le libraire de Johannesburg possède en son magasin un nombre considérable de rapports consulaires britanniques et pas un seul rapport d'un consul français ? »

La réponse à cette question est bien simple.

Un négociant cherche à posséder en magasin la marchandise qu'on demande. Or, il y a une clientèle anglaise achetant les rapports consulaires britanniques ; il n'y a pas de clientèle française achetant le *Moniteur officiel du Commerce*, quelque remarquables que puissent être les travaux de nos consuls.

Au lieu de se donner la peine de lire les publications de l'Office national du commerce extérieur, le Français préfère afficher le pessimisme qui tue toute initiative. Il s'irrite en s'écriant : « Ah ! si nous étions informés par nos consuls comme le sont les Anglais ! »

Car le Français a la manie de se placer sous la tutelle de l'administration, et sa plus grande joie est d'en médire ou même de la calomnier.

On oublie volontiers ses devoirs envers les consuls de France : tel Français, établi avant l'âge de 18 ans hors d'Europe satisfait, en temps de paix, à la loi militaire par une simple déclaration annuelle au consulat. Bon nombre de nos compatriotes trouvent cette obligation trop pénible et se dispensent de cette formalité pourtant si facile ! En revanche, ils viendront importuner le consul à toute heure du jour et de la nuit pour lui adresser les questions les plus indiscrètes ou les requêtes les plus baroques. Faut-il rappeler l'exemple du consul français réveillé, à la Plata, vers 1 heure du matin, par un compatriote dont la femme refusait d'accomplir le devoir conjugal ? Certaines domestiques prennent le consulat pour un bureau de placement. Il ne leur suffit pas qu'on leur indique l'adresse d'un placeur ou d'un journal d'annonces. Des commerçants de France trouvent tout naturel de charger le consul de placer leur vin,... à l'exclusion, naturellement, des vins de leurs concurrents, même français.

Il suffit de feuilleter les archives d'un consulat pour s'égayer du nombre considérable de demandes étranges révélant la naïveté de certaine gens et leur ignorance des attributions consulaires. Tel industriel français, établi en pays étranger, juge naturel de demander au consul un procédé pour vernir la brique. Une capitaliste qui a, sans consulter personne, bien entendu, acheté des actions d'une société étrangère aujourd'hui en faillite, exige du consul le paiement de dividendes. Un inventeur prie le consul de lui envoyer une liste de toutes les personnes qui possèdent un piano en Belgique. Nous citons ces exemples, tous authentiques, pour montrer à quel point l'attention de l'agent du ministère des affaires étrangères peut être sollicitée en dehors de ses attributions régulières ; mais il est, dans les travaux de cet agent, une cause plus fréquente et plus grave encore de trouble : la cohorte des besogneux, convaincus qu'ils ont le droit d'être au consulat nourris, logés, vêtus, blanchis, véhiculés et transbordés aux frais et dépens de la bénévole administration française.

III.— *Les chambres de commerce françaises à l'étranger.* — Dans les villes étrangères où les intérêts français ont pris un développement considérable, notre commerce ne peut plus se borner aux indications que fournit un consulat. Le consul n'est pas un technicien ; il attire l'attention du public français sur les sources de richesses ou les besoins de tel ou tel pays, il ne peut fournir pour chaque spécialité des renseignements détaillés, précis et développés. Quand les commerçants français forment déjà sur la place un groupe assez important, ils ont acquis, chacun dans sa sphère spéciale, une expérience dont profiteront leurs compatriotes restés en France. Ils constitueront un centre d'action où le voyageur de commerce trouvera réunis tous les renseignements de détail dont il aura besoin. C'est ici que commence le rôle de la Chambre française de commerce. Souvent, cette compagnie se fonde sous les auspices de l'ambassadeur, du ministre ou du consul de France, auquel est décerné le titre de président d'honneur.

Le représentant officiel du pays est, en effet, désigné pour réunir autour de lui ses ressortissants, les présenter les uns aux autres, servir entre eux de lien et, parfois, de tampon. Rapprocher, en vue d'une œuvre d'utilité générale, des particuliers dont les intérêts sont souvent en concurrence, dont les amours-propres se trouvent quelquefois en conflit, c'est une entreprise qui exige à la fois de l'autorité, du tact, de l'habileté, de la patience, de la douceur. Ce sont là qualités diplomatiques par excellence.

Composée de négociants, d'industriels et de financiers, la Chambre de commerce possède une compétence particulière, des éléments techniques qu'il serait excessif et vain d'exiger de nos consulats. Ces négociants, industriels et financiers, depuis longtemps fixés sur la place, ont accès auprès des principales maisons de commerce locales et peuvent y introduire leur compatriote, tandis que le consul, ayant accès auprès des autorités administratives du pays étranger, rendra au voyageur français des services d'un autre ordre.

Ainsi, au début, dans un poste où nos compatriotes font peu ou ne font pas d'affaires, le consul lancera à notre commerce et à notre industrie un premier appel. Il dira quelles sont les concessions à demander, quelles adjudications on peut tenter d'obtenir, quels articles l'industrie française aurait chance d'importer avec succès. Quand ils auront exploré et exploité le marché, les commerçants français auront vite acquis des connaissances pratiques plus complètes, en traitant les affaires que le consul n'aura pu qu'amorcer. Ils devront s'aider entre eux, se montrer accueillants envers les nouveaux venus et les soutenir. La Chambre de commerce assumera alors une partie des fonctions auparavant remplies par le consul et devenues plus complexes, en raison même de l'extension de nos intérêts.

A côté des rapports consulaires paraîtra le bulletin périodique de la Chambre de commerce, renfermant les données statistiques publiées sur la place, des études techniques et économiques, des mercuriales, des articles de telle ou telle industrie déterminée, sur les mouvements de la bourse étrangère, etc., etc. De la collaboration des initiés doit jaillir une lumière abondante et vive.

Certaines chambres de commerce ont organisé des musées commerciaux dont on doit vanter l'utilité et que l'on pourra multiplier avec fruit : au local de l'institution sont assemblés tous les échantillons attirant l'attention des étrangers sur nos produits, leur montrant ce qu'ils peuvent acheter chez nous et dans quelles conditions. L'effet est d'ailleurs en partie double, car, à ce même musée, le voyageur français verra ce que le consommateur local demande ; il apprendra quelles marchandises trouveront un bon placement.

Il importe en effet, d'éviter les tâtonnements et les pas de clerc. Le musée commercial parle aux yeux, indiquant les besoins d'un pays déterminé suivant les saisons et les modes. Le musée complètera fort heureusement les connaissances vaguement acquises à l'école de commerce. N'a-t-on pas vu tel voyageur de commerce français tout étonné de grelotter à Buenos-Ayres au mois de juillet ? Il était parti pour le Midi en plein été ! Comment aurait-il songé à emporter des vêtements chauds ! Nos grands magasins de nouveautés semblent avoir mis quelque temps à découvrir qu'à l'hiver de l'hémisphère boréal correspond l'été de l'hémisphère austral et qu'on peut écouler sur une moitié du monde les soldes qui ne sont plus de saison sur l'autre moitié. Les catalogues dits « d'outremer » sont de date récente. Il est vrai qu'en dehors de l'Amérique du Sud il n'y a pas très longtemps que les gens de l'hémisphère austral ont contracté l'habitude du vêtement.

La formation et le développement d'une chambre de commerce supposent, chez ceux qui en font partie, une certaine abnégation, un réel dévouement à nos intérêts généraux. Le plus souvent, un commerçant, qui a fait des sacrifices et employé beaucoup de temps pour s'établir à l'étranger et s'y créer une clientèle, n'est pas tenté d'enseigner à de futurs concurrents les procédés auxquels il doit son succès. L'intérêt particulier ne concorde pas toujours avec l'intérêt général. Un négociant français, qui détenait dans certaine ville de l'Amérique du Nord le commerce des bretelles, se montra naguère fort vexé d'un rapport de consul publiant à quel prix et de quelle façon cette marchandise s'écoulait là-bas. D'un coup on lui enlevait le bénéfice, énorme, il est vrai, qui récompensait son initiative et couvrait ses premiers risques. La concurrence documentée par le rapport officiel pouvait s'exercer, à coup sûr, sur le velours. Si des commerçants se montrent ainsi, avec quelque raison, mécontents de la divulgation de leurs procédés, comment exiger d'eux qu'ils les divulguent eux-mêmes.

Outre cette très sérieuse objection à la formation d'une chambre de commerce, il faut aussi envisager que pareille institution est coûteuse. L'installation du local, du musée, entraînent d'assez fortes dépenses, et la publication du *Bulletin* n'est pas souvent couverte par des souscriptions d'abonnés.

Le gouvernement peut au moins alléger ces charges en accordant une subvention. Nous devons lui savoir gré de le faire souvent.

Mais nous ne devons pas compter uniquement sur l'appoint de l'État et les subsides gouvernementaux. L'expansion de notre commerce général ne se réalisera que par l'initiative de chacun et par la solidarité de tous.

La Chambre de commerce, œuvre de solidarité par excellence, doit être soutenue par les collectivités qui en profitent. C'est en s'unissant, en se groupant, en se syndiquant, que nos industriels français réduiront, d'une part, au minimum les sacrifices nécessaires à l'ouverture et à l'exploitation des marchés nouveaux, porteront, d'autre part, au maximum les résultats heureux de leurs efforts. Nos concurrents savent se liguer pour la lutte et même s'assujettir à une discipline pour mieux cimenter un irrésistible ensemble. Que l'accord se réalise donc aussi chez nous. L'intérêt commun exige une action commune.

Vœu : Instituer dans tous les pays des cours pour la formation du voyageur de commerce français à l'étranger où sera développé d'une manière *pratique*, et non *classique*, l'enseignement des langues vivantes et de la géographie au point de vue général, en l'espèce au point de vue économique ; et où l'on indiquera au voyageur de commerce le rôle des consulats et des chambres françaises de commerce à l'étranger et de quelle manière ces institutions peuvent seconder directement la mission des voyageurs de commerce : — et établir à l'étranger des chambres de commerce françaises.

TABLE

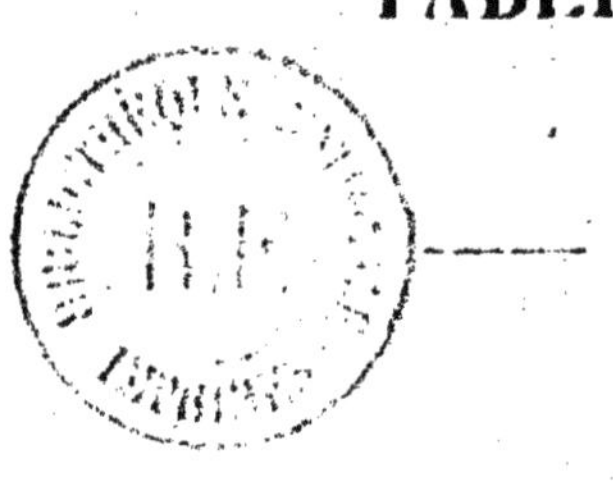

CE VOLUME A ÉTÉ COMPOSÉ ET TIRÉ PAR DES OUVRIERS SYNDIQUÉS

IMPRIMERIE DE DIDOT FRÈRES.

www.ingramcontent.com/pod-product-compliance
Ingram Content Group UK Ltd.
Pitfield, Milton Keynes, MK11 3LW, UK
UKHW020559230726
13926UKWH00005B/2117